For Neil,

With all best wishes

Gwyneth Jones

Gwyneth Jones

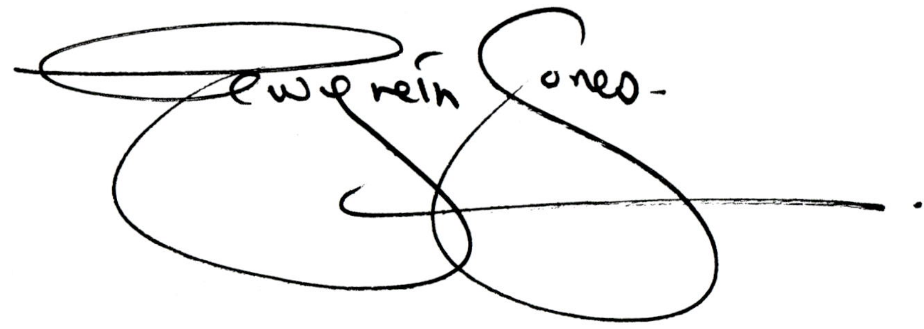

Till Haberfeld

Gwyneth Jones

Bilder ihres Lebens und ihrer Rollen
Pictures of her Life and Career
Images d'une vie et d'une carrière

Atlantis Musikbuch-Verlag

Aus dem Deutschen ins Englische übertragen von Joan Lüssi und Till Haberfeld (»Zum Singen geboren«), aus dem Englischen bzw. Amerikanischen ins Deutsche übertragen von Esther Mattille und Till Haberfeld (Beitrag von Birgit Nilsson), aus dem Französischen ins Deutsche sowie aus dem Deutschen und Englischen ins Französische übertragen von Lysander Gelewski und Mario Fossati.

CIP-Titelaufnahme der Deutschen Bibliothek

Gwyneth Jones : Bilder ihres Lebens und ihrer Rollen / Till Haberfeld. [Aus dem Dt. ins Engl. übertr. von Joan Lüssi ...] . –
Zürich : Atlantis Musikbuch-Verl., 1991
ISBN 3-254-00166-4
NE: Haberfeld, Till [Hrsg.]

Gestaltung: Hans Rudolf Ziegler, Zürich
Satz: Jung Satz Centrum, Lahnau
Druck und Bindung: Franz Spiegel Buch GmbH, Ulm
Printed in Germany

ISBN 3-254-00166-4

Inhalt · Contents · Contenu

LEONARD BERNSTEIN

Glorious voice,
Wonderful range,
Youthful ardor,
Noble heart!
Endless enthusiasm,
Truth-loving artist...
Heil Dir, Gwyneth!!

Love always,

Lenny

New Year 1990

Zum Singen geboren

Dieses Buch präsentiert die Karriere von Dame Gwyneth Jones in Bildern, die einen Eindruck von ihrer Darstellungskunst und Vielseitigkeit vermitteln. Texte berufener Persönlichkeiten ergänzen sie zu einem mosaikartigen Spiegelbild von Gwyneth Jones. Für diese wertvollen Beiträge danke ich allen herzlich.

Gwyneth ist eine phantastische Sängerin und eine außergewöhnliche Frau. Sie hat einen tiefen Glauben, hat die Fähigkeit zu träumen und steht doch fest auf dem Boden: warmherzig, natürlich, fröhlich, hilfsbereit – gleichzeitig stark und scheu, bescheiden und stolz, großzügig und sparsam, zurückhaltend und offen, selbstbewußt und selbstlos – eine Einzelgängerin, die Geselligkeit liebt. Sie ist eine Perfektionistin in allem, was sie tut, arbeitet mit unglaublicher Energie, Disziplin und Zielstrebigkeit – und erwartet die gleiche Besessenheit von ihren Mitmenschen. Seit wir uns vor 25 Jahren kennengelernt haben, hat sie nur 9 von über 1600 Vorstellungen abgesagt; andererseits hat sie, unter oft dramatischen Umständen, eine Vielzahl von Aufführungen durch kurzfristiges Einspringen gerettet.

»Arbeit ist Liebe sichtbar gemacht« (Khalil Gibran) ist das Motto dieses Lebens, in dem Gwyneth der Kunst mit ganzem Herzen dient.

Wer ihr in Florestans Kerker begegnet, wer durch ihre Interpretation von Brünnhildes Schicksal und von Isoldes Emotionen ergriffen wird, wer ihre Seligkeit bei Elektras Wiederbegegnung mit Orest erlebt oder sie als Turandot in der Royal-Opera-Produktion hört, ahnt, daß das Leben von Gwyneth Jones auf der Bühne seine höchste Erfüllung findet. Dort verzaubert sie uns in einmaligen Stunden des Musiktheaters durch ihre Stimme, Ausstrahlung, Intensität und Hingabefähigkeit. Viele Musikliebhaber unternehmen weite Reisen, um immer wieder in ihren Bann gezogen zu werden.

Ich bin glücklich, Gwyneth auf ihrem außerordentlichen Lebensweg begleiten zu dürfen. So ist denn dieses Buch gleichzeitig ein Dank an die begnadete Liebende der Opernbühne – und eine Liebeserklärung an meine Frau.

Till Haberfeld

Born to Sing

This book records the career of Dame Gwyneth Jones in pictures which illustrate her versatility and great artistry. The texts were written by people who know her work. Together they form a mosaic of her personality. I am extremely grateful for all of these valuable contributions.

Gwyneth is a fantastic singer and an extraordinary woman. Her character is strongly influenced by her faith. She is capable of dreaming, but stands firmly on the ground: warm-hearted, natural, cheerful, helpful – strong and shy, modest and proud, generous and prudent, reserved and open, self-confident and unselfish – a loner who loves company. She is a perfectionist in everything, working with unbelievable energy, discipline and a sense of purpose – and she expects the same determination from the people around her. In the 25 years since we have met, she only cancelled 9 out of 1600 performances; on the other hand, she saved many performances by replacing colleagues – often under dramatic circumstances.

"Work is love made visible" (Khalil Gibran) is the motto of her life which Gwyneth dedicates wholeheartily to her art.

Those who have met her in Florestan's dungeon, who have been touched by her interpretation of Brünnhilde's destiny and Isolde's emotions, those who marvel at her ecstasy in Elektra's reunion with Orestes, or hear her Turandot in the Royal Opera production, may apprehend that the climax of Gwyneth Jones' life is reached on stage. During unique presentations of musical theatre she enraptures us with her voice, dedication, intensity and passion. A great many music lovers undertake long journeys to be – again and again – spellbound by her performances.

I am fortunate to be able to accompany Gwyneth on her extraordinary path through life. This book is both a sign of gratitude to the most inspired interpreter of deeply passionate women in opera – and a declaration of love to my wife.

Née pour chanter

Ce livre présente la carrière de Dame Gwyneth Jones en photos qui donnent une idée de l'accomplissement et de la diversité de son art. Ces illustrations sont complétées par des textes de personnalités qui connaissent bien Gwyneth Jones. Ensemble, ils révèlent son individualité comme une mosaïque. Pour ces contributions précieuses, à tous, un grand merci.

Gwyneth Jones est une cantatrice hors du commun et aussi une femme exceptionnelle. Elle est profondément croyante, à la fois rêveuse et les deux pieds bien sur terre: chaleureuse, naturelle, gaie, toujours prête à rendre service – à la fois forte et timide, modeste et fière, généreuse et économe, réservée et franche, consciente de sa valeur et humble – solitaire et pourtant aimant la compagnie. Elle cherche la perfection dans tout ce qu'elle entreprend. Ambitieuse, elle est capable d'un travail phénoménal et d'une discipline de fer, et attend ce même acharnement aussi des autres. Depuis notre rencontre, il y a 25 ans, elle n'a annulé que 9 de plus de 1600 représentations, et par contre en a sauvé maintes fois, souvent dans des circonstances dramatiques.

«Le travail c'est l'amour rendu visible» (Khalil Gibran) est la devise de sa vie, entièrement consacrée au service de l'art.

Qui l'a rencontrée dans le cachot de Florestan, qui à travers elle a partagé le destin de Brünnhilde et les émotions d'Isolde, qui l'a vue transfigurée quand Elektra retrouve Orest, ou qui l'a entendu en Turandot dans la mise en scène de la Royal Opera, entrevoit combien la vie de Gwyneth Jones trouve son accomplissement le plus sublime sur scène. Là, cette artiste sait nous ensorceler – moments inoubliables de l'art lyrique – en tant par sa voix que par son rayonnement, son intensité et abandonnement. Bien des mélomanes viennent de loin pour retrouver encore et encore sa fascination.

Je suis heureux d'accompagner Gwyneth dans sa vie si exceptionnelle. Ce livre est donc à la fois un attachement reconnaissant à l'interprète inspirée des héroïnes passionnées de l'opéra – et une déclaration d'amour à ma femme.

TILL HABERFELD

Liederabend · München · 1989

Die Stimme des Herzens

Schon mit fünf war ich mir sicher, daß ich eines Tages auf der Bühne stehen würde, daran bestand für mich kein Zweifel! Ich wußte zwar noch nicht, ob als Schauspielerin oder Opernsängerin, jedenfalls fühlte ich mich von der Welt der Bühne unweigerlich angezogen.«

Das vertraute mir Gwyneth Jones einmal an einem schönen Sommertag an, anläßlich meines ersten Interviews, unweit der Lokomotiven des Bayreuther Bahnhofs, die Lavignac so ans Herz gewachsen waren. Treffender als dieses zauberhafte Buch könnte man kaum beschreiben, was das kleine walisische Mädchen mit solcher Überzeugung vor sich sah: die glänzende Karriere einer der ruhmreichsten Opernsängerinnen des 20. Jahrhunderts.

Schauen wir uns diese wunderschönen Bilder an, in denen sich die ganze Kunst der Fotografie widerspiegelt. Die gesamte Palette der von ungestüm bis feinfühlig reichenden Ausdruckskraft dieser gutmütigen, herzhaft lachenden und feurig-temperamentvollen Künstlerin tritt mit einer ergreifenden Wahrheit hervor.

Das erste Mal hörte ich Gwyneth Jones anläßlich des berühmten Konzertes »Prestige de la Musique« singen, wo eine von Jean Fontaine geladene 29jährige Sopranistin eines Abends plötzlich vor dem Pariser Publikum stand. Sie gab sich nicht mit einem halben Erfolg zufrieden, sie wollte den totalen Triumph – und den bekam sie!

Mit welcher Inbrunst sie uns, Schlag auf Schlag, die berühmten Arien der drei Leonoren bescherte: aus der *Trovatore* »D'amor sull'ali Rosee«, gefolgt von »Pace mio Dio« aus der *Macht des Schicksals,* schließlich »Abscheulicher« aus dem *Fidelio*. Welche Kühnheit auch, diese Arien-Reise mit dem schrecklichen »Vieni, t'affretta! Accendere« der Lady Macbeth abzuschließen; die Salle Pleyel war außer sich, völlig überwältigt von diesem hinreißenden, kristallklaren Timbre und seinen tausend sinnlichen Schattierungen.

Denn was bei Gwyneth Jones vor allem und immer wieder auffällt, ist dieses einmalige Zusammenspiel von Stimme und Schönheit. Jedes Mal ist man aufs neue überrascht ob des noblen Ausdrucks auf ihrem wundervollen Antlitz, so strahlend weiblich mit ihren schönen, ausdrucksstarken Augen; man ist wie gefangen von diesem Gesicht, in dem man, auch durch die Gefühle und die Sensibilität, die es ausstrahlt, die starke Persönlichkeit derer erkennt, die dank eisernem Willen die harten Seiten des Lebens auf sich nehmen und es trotz allem voll auskosten. Ja, es ist das Gesicht einer Königin mit einem beeindruckenden und gleichzeitig beruhigenden Blick, das einer sehr großen Dame, deren stolze Erhabenheit niemals auf Kosten der Spontaneität geht. Ein Gesicht, das nach und nach verrät, wie es in verschiedenen Rollen nacheinander Zuneigung oder Haß, Heiterkeit oder innere Qual auszudrücken vermag.

Aber auch ganz natürlich ist diese fabelhafte Künstlerin, die es sich nicht nehmen läßt, völlig unbekümmert beim Bummeln durch die Avenue de l'Opéra in Paris »Someone to Watch Over Me« von Gershwin mit mir zu trällern. Eklektisch auch ihre Hobbys: Kochen und Gartenarbeit. Ebenso ihre Lieblingskünstler: Kirsten Flagstad und Birgit Nilsson.

Für Mirella Freni und Gundula Janowitz war Karajan der Mann des Schicksals, für Gwyneth Jones zweifellos Sir Georg Solti. Im Handumdrehen fasziniert von ihrer Stimme und ihrem Schauspiel, erkannte er sofort das Potential einer so begnadeten

Leonard Bernstein · Wien

Sängerin und verstand es sehr schnell, ihre außerordentlichen Qualitäten zur Geltung zu bringen.

Dank ihrem außergewöhnlichen und unerschöpflichen Temperament standen Gwyneth Jones die verschiedensten Hauptrollen offen. Bayreuth und das ganze Wagnerische Universum konnten sich dank ihr neu entfalten. Welch ein Quintett in den *Meistersingern,* in der sie als Eva – mancher mag es vergessen haben – mit engelhafter Stimme sang, beinahe unwirklich. Noch nie hatte ich diese Stelle mit solcher Musikalität interpretiert gehört. Dann als Sieglinde mit ihrem packenden »Der Männer Sippe«, eine Rolle, die ihr auf den Leib geschrieben ist und die sie förmlich übersinnlich wiedergab.

1972 interessierte Götz Friedrich sich für den *Tannhäuser.* Eine optische Revolution im Festspielhaus, nicht immer nach dem Geschmack der Wallfahrer des heiligen Hügels, so wenig wie von Erich Leinsdorf selbst. Wie konnte man es wagen, die Rollen der Venus und der Elisabeth an ein und dieselbe Sängerin zu vergeben! Gwyneth Jones gewinnt das Wagnis: diesen doppelten Aspekt des ewig Weiblichen – das Sinnliche und das Reine und doch Leidenschaftliche –, kann sie dies nicht mit einer seltenen Intensität nachempfinden? Unvergeßlich ihre bestrickenden Verwünschungen in der Rolle der Verführerin und ihre stimmliche Pracht, als sie die Nichte des Landgrafen spielte. Wie sollte man den schönen Körper Gwyneths vergessen, als sie über die Bühne kroch, wie Götz Friedrich es ihr aufgetragen hatte? Und dann die schillernde Kundry, verderbend und erlösend, gequält und liebevoll; mit all ihrer tragisch-sinnlichen Ausstrahlung setzte sie einen Markstein für die präzise Charakterisierung einer in ihren krankhaften Exzessen betörenden Rolle.

Nicht zu vergessen auch ihre Interpretation der Senta, dieser besessenen Träumerin, für das romantische Bild des *Holländers* bestimmt. Mit welchem Blick sie ihn traf! Karl Böhm stand in jenem Jahr am Dirigentenpult. Brünnhilde sollte sie unter Wolfgang Wagner werden. (Anschließend in Paris, wo sie einen »echten« Grauen am Zügel hielt, ein unbändiges und stets ängstliches Pferd.) Dies vor diesem ungemein wichtigen, für sie gar entscheidenden Zusammentreffen mit Boulez und Chéreau für den Jahrhundert-*Ring,* der wahre Flutwellen am Rhein schlug.

1976 – welch ein Jahr! Eine Art Dreyfus-Affäre in der Welt der Oper, in der sich Befürworter und Gegner wie speiende Vulkane gegenüberstehen. Zwar lassen sich die Protagonisten beider Parteien in der Hitze des Gefechtes völlig gehen, doch ebenso grenzenlos – und einhellig! – stimmen sie in die Bewunderung für die absolute Brünnhilde Gwyneth Jones ein. Wer wollte ihr auch widerstehen, dieser faszinierenden Präsenz, dieser leidenschaftlichen Gewalt, in Maske und Stimme gekerbt. Keine wohlbeleibte kriegerische Jungfrau, sondern eine an Körper und Seele vor Wotan flehend bebende Frau. Wenig später das blendende Erwachen dieses ganz anderen »Dornröschens« vor dem verliebten Siegfried. Ich seh' ihr Gesicht noch vor mir, ich höre noch ihre stimmlichen Eskapaden der Rache während des Speerschwurs, ich hör' es noch deutlich, ihr erhaben akzentuiertes »Alles, alles« aus der Schlußszene der *Götterdämmerung.* Zum Glück wurde dieser historische *Ring* auf Video für immer festgehalten, Jahre nach dem *Ring* Soltis, in dem Gwyneth die Wellgunde gesungen hatte.

Auch als Isolde ist Dame Gwyneth umwerfend; man versteht die Ungeduld aller Tristans in Paris, Bayreuth, London, New York oder Wien, wenn sie sich im nächtlichen Liebestaumel in die offenen Arme dieser erhabenen mythischen Geliebten werfen. Eine Passage, in der ihre Stimme mit der eines René Kollo beispielsweise in vollkommenem Gleichgewicht perfekt harmoniert.

Das Wagnersche Universum hat Gwyneth Jones viel zu verdanken, aber auch die bezaubernde Musik des Garmischer Komponisten hat in ihr eine legendäre Interpretin gefunden. Ist es vielleicht, weil ihr Gatte Till heißt, wie der sympathische Held von Strauss, und so viel Humor besitzt? Die Antwort kennt niemand, aber welch bezaubernd-leuchtender Anblick, als sie wie in Paris die »Vier letzten Lieder« sang und sie mit dem ganzen sinnlichen Zauber ihrer Stimme zu wahren Juwelen werden ließ. Der schier unerträgliche Wahn der Elektra, in deren Rolle sie eine unbeschreibliche Strenge erreicht. Ja, wieder und wieder würde ich ihr in dieser Rolle zujubeln, in Paris, in Genf oder anderswo.

Wer sie noch nie im pathetischen Duett mit Orest gehört hat, kann sich nicht vorstellen, welch wundervolle Momente sie uns beschert. Und gleichzeitig kann sie ein andermal, wenn sie es wünscht, in der gleichen Oper die rührendste Chrysothemis sein, die Schwester der schrecklichen Tochter Klytämnestras. Das ist große Kunst, von der einen Rolle in die so grundverschiedene andere zu schlüpfen, ohne dabei an Glaubwürdigkeit zu verlieren. Die abscheuliche, nervenkranke Salome, hassens- und bedauernswert – das ganze Gift speit Gwyneth Jones aus ihrem Munde; selten zuvor wurde die morbide Stimmung der Schlußszene mit solcher Sinnlichkeit vorgetragen! Ist die Schallplatte mit Karl Böhm am Pult nicht der Beweis dafür? Gibt ihr volles Organ nicht mit ebenso feiner Poesie all die Gefühlswallungen der »doppelten« Persönlichkeit der *Ariadne auf Naxos* wieder?

Kurzer Aufenthalt von Dame Gwyneth in Paris, wo sie einen Preis der Académie Charles Cros in Empfang nahm; als Krönung ihrer Interpretation der Marschallin aus dem *Rosenkavalier* mit der Bayerischen Staatsoper unter Leitung von Carlos Kleiber. Auf der Video-CD erleben wir sie als ausführliche Erzählerin des

Textes von Hofmannsthal, als rührende und zerbrechliche große Dame, die nostalgisch die Zeit verstreichen sieht, beunruhigt beim Gedanken, ihrem jungen Geliebten Octavian nicht mehr zu gefallen; Octavian alias Quinquin, den Dame Gwyneth übrigens ebenfalls auf subtilste Weise mit Leonard Bernstein in Wien verkörperte.

Ihre großartige Aufnahme der Ägyptischen Helena darf natürlich auch nicht fehlen. Und wer kennt sie nicht, die gelungene Filmversion der *Frau ohne Schatten,* in der die unvergeßliche Sängerin mit ganzer Leidenschaft die Gattin des Färbers Barak singt und spielt.

Eine andere Strausssche Heldin, die Gwyneth Jones verherrlicht, ohne sie je interpretiert zu haben, ist Daphne, die ihr so ans Herz gewachsen ist, daß sie ihrer entzückenden Tochter den gleichen Namen gab. Eine Rolle, in der die Interpretin all die Reue zum Ausdruck bringen muß, die an Daphne nagt seit dem Verschwinden ihres geliebten Leukippos.

Der Leonore alias Fidelio, einer treuen und ebenso genialen Frau, hat unsere walisische Sängerin nie widerstehen können. Sie wurde praktisch überall zur Lieblingsinterpretin dieser Rolle. 1989, vor der Augustus-Statue in Orange, versetzte sie in dieser Rolle das dicht gedrängte sommerliche Publikum auf den steilen Rängen in Begeisterung; der Applaus war gewaltig. Auch ohne Kulisse vermochte einzig ihre Anwesenheit dieser Konzertversion der Beethovenschen Oper ihre ganze Glaubwürdigkeit zu vermitteln.

Erst kürzlich hat sie einmal mehr ihren bemerkenswerten Sinn fürs Theater bewiesen, in der Welturaufnahme von *Notre Dame de Paris* unter Leitung von Christof Perick. Im allgemeinen kennt man aus dieser Oper von Franz Schmidt nur das berühmte Intermezzo. Durch ihre selten dramatische Art der Interpretation der Esmeralda, dieser Figur von Victor Hugo, brachte sie ein wenig bekanntes Werk dem breiten Publikum näher.

Obwohl offensichtlich die deutsche Oper entscheidend zu ihrem grandiosen Ruf beitrug, hat Gwyneth im Laufe ihrer triumphalen Karriere auch Herausragendes in Rollen der italienischen Oper geleistet. Ihre ersten Schritte in den Opern Verdis machte sie mit einer zauberhaften Amelia im *Maskenball.* Auch ihre herrliche Aida wird allen in bester Erinnerung bleiben. An ihr Debüt in Covent Garden wird man sich ebenfalls noch lange zurückerinnern, wo sie als Ersatz für Leontyne Price als Leonore im *Trovatore* unter der Leitung von Giulini sofort einen Riesenerfolg feierte.

Mich selbst fasziniert insbesondere ihre Desdemona. Man höre sich die Aufnahme des *Otello* unter der Leitung von John Barbirolli an; nur wenige Sängerinnen haben es verstanden, mit solch keuscher Zurückhaltung die Arie von der Weide und das Ave Maria zu singen. Einmalig! Oder auch als schöne und

Carlos Kleiber · Till Haberfeld · Tokio

rührende Elisabeth, süße Verlobte des Don Carlos, »Regina« wider Willen, Gattin von Philipp II. zur schrecklichen Zeit der Inquisition, die Verdi so packend schildert.

Auch Puccinis Figuren wurde, dank ihrem Temperament, eine leidenschaftliche Interpretin zuteil. Sie stellt jedes Mal mit leidenschaftlicher Hingabe eine Tosca dar, bebend und verliebt bis in den Tod. Einerseits erfaßt sie die ganze innere Tragödie der zärtlichen Madame Butterfly, andererseits verwandelt sie sich mit verblüffender Echtheit in die unnachgiebige Prinzessin Turandot, die nur die Leidenschaft zügeln kann. Wem sonst gelingt es, die Santuzza in der *Cavalleria Rusticana* von Mascagni so profiliert zu verkörpern?

Paris, Palais Garnier, ein unvergeßlicher Abend. Ghiaurov und Christa Ludwig sind mit von der Partie. Wir erleben »ein kurzes Stück Ewigkeit«, wie Prévert sagt. Ein paradiesischer Augenblick! Gwyneth und Vickers gehen aufeinander zu, Poppea und Neron im Liebesrausch. Atemberaubende Schönheit. Nie und nimmer werden wir diesen Augenblick einmaliger Ekstase vergessen, als Monteverdis Musik göttlich zur Decke Chagalls hinaufhallte. Tut mir leid, liebe Barockfreunde, an jenem Abend gefiel uns diese Version von Leppard, die ihr so sehr verabscheut...

Im Juni 1989 bescherte Gwyneth Jones uns noch eine Überraschung, und was für eine! Da stand sie plötzlich, allein auf der Bühne vom Châtelet am Telefon, zum ersten Mal in ihrer Karriere in *Die menschliche Stimme* in der Inszenierung von Alain Françon und im Bühnenbild von Yannis Kokkos. Aus der triumphierenden Dame der »Luxus«-Opern war plötzlich die verlassene Geliebte von Cocteau und Poulenc geworden, erschütternd echt. Vielleicht war sie noch nie so gut wie in diesem herzzerreißenden Monolog der Pein und der Einsamkeit, mit sowohl pathetischen als auch vertrauten Akzenten vorgetragen. Wenige Tage darauf surrten glücklicherweise Kameras und Mikrofone, um diesen unter die Haut gehenden

Augenblick festzuhalten, als Serge Baudo das Ensemble Orchestral von Paris leitete.

Zu ihren Lieblingskomponisten zählt natürlich auch Mahler, den die schöne Sängerin aus Pontnewynydd ebenfalls leidenschaftlich verehrt, seit sie unter Leitung von Bernstein eine bemerkenswerte Version der imposanten »Sinfonie der Tausend« sang. Erst kürzlich brachte sie auf der Bühne vom Châtelet all die Ängste des böhmischen Komponisten in einer großartigen Interpretation von *Des Knaben Wunderhorn* zum Ausdruck; dem Publikum kamen vor Rührung fast die Tränen! Im Bereich des Oratoriums, ebenfalls eine ihrer Spezialitäten, bleibt der Elias von Mendelssohn eines ihrer Lieblingswerke.

Doch wie soll man ihrer gewaltigen Erfolgsserie gerecht werden, ohne dabei Wesentliches zu vergessen? Ihre unglaubliche stimmliche und schauspielerische Ausdruckskraft hat Gwyneth Jones auch zu wahren Triumphen in *Medea* von Cherubini verholfen. All diese Rollen, überall auf der Welt präsentiert, bleiben in unauslöschlicher Erinnerung. Warum wohl?

Man braucht nicht lange zu überlegen. Wenn es Gwyneth Jones immer wieder gelingt, uns in den unterschiedlichsten Rollen regelrecht zu verführen, die sie mit dramatischer Wollust verkörpert, begleitet von den besten Orchestern der Welt, dann weil sie diesen todsicheren Bühneninstinkt besitzt; eine Art Osmose zwischen ihr selbst und ihren Heldinnen. Eine angeborene Gabe! Aber auch weil sie jedesmal nicht nur die psychologische Seite einer Rolle genauestens studiert, sondern sich auch voll und ganz in die Stimmung der Zeit und des Ortes der Handlung, die sie interpretieren soll, versetzt; bis nach Japan fuhr sie beispielsweise, auf der Suche nach dem Lande der Butterfly, oder nach Mykonos, auf den Spuren der Elektra. Fast wie eine anerkannte Historikerin hat sie bis ins kleinste Detail die Herrschaft Philipps II. für *Don Carlo* analysiert.

Und noch etwas: Beobachten Sie Gwyneth Jones genau, wenn sie singt. Selbst in den riskantesten Passagen wirkt ihr Antlitz schön. Das ist das Wunderbare. Welch angenehme Abwechslung, wenn man an all die verzerrten Gesichter einiger ihrer Kolleginnen denkt, die in technisch anspruchsvollen Partien einfach die Beherrschung über ihre Mimik verlieren.

Sie hat mir einst anvertraut, daß »letztendlich fast alle Sopranrollen Geliebtenrollen sind«. Als ich ihr daraufhin den amüsanten Spruch von Bernard Shaw in Erinnerung rief, der behauptete, daß die gesamte Oper letztendlich nicht mehr als die Liebe zwischen einem Tenor und einem Sopran sei, der sich ein Bariton in den Weg stelle, antwortete sie amüsiert: »Vielleicht, aber schwierig ist eben, die charakterliche Eigenständigkeit jeder Figur zu zeigen. Mit Rollenwechseln allein ist es nicht getan, eine Künstlerin muß stets zuversichtlich an ihre gegenwärtigen und zukünftigen Rollen denken. Eine Rolle, die spürt man, die baut man sich auch auf, indem man sie seinem eigenen Temperament anpaßt, ohne sie dabei in ihrem Wesen zu verfälschen. Zur Vorbereitung gehören sowohl Leidenschaft als auch peinliche Genauigkeit. Dann läuft es wie von selbst.«

Auch was das Lied betrifft, ist Gwyneth Jones kategorisch: »Das Lied ist eine schwierige Kunstgattung, voller Nuancen; ganz allein erzählt man dem Publikum eine Geschichte, begleitet einzig von einem Pianisten. Auf der Opernbühne ist man konzentriert auf seine Rolle, auf das Spiel der Partner und die allgemeine Stimmung. Jeder Augenblick fordert absolute technische Beherrschung, eine wahre Kontrolle über die Stimme. Alle Opernsänger sollten Lieder singen.«

Egal, ob sie spricht oder singt, ihr Charme schlägt einen in ihren Bann, denn sie ist Geist und Herz in einem, immer und überall. Wie ich sie bedaure, all jene, die noch nicht das Glück hatten, Dame Gwyneth Jones in einer ihrer Rollen zu erleben. Genauso wie ich all die Frustrierten bedaure, denen es nie vergönnt war, einen Karajan, Solti oder Giulini vor einem Orchester stehen zu sehen, eine Callas die Norma singen, eine Lily Laskine Harfe spielen zu hören, einen Horowitz oder Richter am Flügel zu erleben; denn wie sie alle hat Gwyneth Jones die Kunst der Interpretation unserer Zeit mit geprägt.

Ihr besonderes Kennzeichen? Wann immer sie auftritt, verblüfft und überwältigt sie uns noch mehr. Gwyneth? Das ist G wie Großzügigkeit, W wie Wagner, Y wie Yin, das chinesische Symbol der Weiblichkeit, N wie Noblesse, E wie Ehre, T wie Temperament und H wie Herrlichkeit.

Sie ist in Paris, vor uns, strahlend. Till ist in ihrer Nähe, um aufmerksam ihre kleinsten Wünsche zu erahnen und ihr mit Rat und Tat zur Seite zu stehen. Die Frühlingssonne spiegelt sich in ihrem Haar. Woran sie denkt? An ihre Tochter Susanne Daphne, die ebenso fasziniert ist von der Oper wie sie selbst und die sich bestimmt danach sehnt, wie ihre Mutter einst auf der Bühne stehen zu dürfen? An ihre nächste Rolle, Carmen die Zigeunerin? Oder an künftige Projekte, die uns schon heute ein »singendes Morgen« verheißen?

CLYM*

*Original französisch

A Voice from the Heart

"Even at the age of five I was absolutely sure that one day I would stand on the stage. There was never any doubt! I didn't know then whether it would be as an actress or opera singer – but, whatever, I was irresistibly drawn to the stage."

This is what Gwyneth Jones told me one summer day during my first interview – near the madding engines of the Bayreuth railway station that Lavignac had so taken to heart. One can hardly imagine any words more fitting for this magical book than what the little Welsh girl told me with such conviction about her flamboyant career – a career of one of the most glorious opera singers of the twentieth century.

Let us look at these wonderful images in which the entire art of photography is reflected. In the photos of this good-natured, full of fun and fiery temperamental artist, the whole sphere of characteristics – from impetuosity to that most delicate sensitivity of expression – is portrayed with captivating honesty.

The first time I heard Gwyneth sing was at the famous concert "Prestige de la Musique," at which the 29-year old soprano had been invited by Jean Fontaine to stand, quite suddenly one evening, in front of a Parisian audience. She was not going to be satisfied with semi-success. No way! She wanted a total triumph – and she got it!

With that emotion she offered us, one after the other, the famous arias of the three Leonores! From *Trovatore* "D'amor sull'ali Rosee," followed by "Pace mio Dio" from the *La Forza del Destino* and finally "Abscheulicher" from *Fidelio.* What bravura too to finish this aria cycle with Lady Macbeth's terrible "Vieni, t'affretta! Accendere!" The Pleyel Hall was delirious, fully entranced by this spell-binding crystal-clear timbre and its thousand sensual intonations. Because it is Gwyneth Jones's unique concord of voice and beauty that fascinates time and time again. One is always surprised by the noble expression of her wonderful countenance – so radiantly feminine, with its beautiful, deeply expressive eyes. One is captivated by this face in which one can recognize the feelings and sensitivity of her personality. It is a strong personality which accepts the hard side of life and is still able to savour it to the full. It is the face of a queen with an impressive and very reassuring glance; that of a very great lady, whose proud nobility never goes at the expense of spontaneity. A face that, in the various roles, alternately expresses tenderness or hate, serenity or torment.

But this artist is also very natural and thinks nothing of strolling down the Avenue de l'Opéra in Paris to sing with me Gershwin's "Someone to Watch over Me". Her hobbies are just as eclectic as are her favourite artists: cooking and gardening are her favourite pastimes, while Kirsten Flagstad and Birgit Nilsson are her idols.

For Mirella Freni and Gundula Janowitz, Karajan was the "man of destiny". For Gwyneth Jones it was undoubtedly Sir Georg Solti. He was immediately fascinated by her voice and acting and recognized at once the potential in such an inspired singer. He knew too how to make the most of her outstanding qualities.

Due to her exceptional and inexhaustible temperament Gwyneth Jones was destined for many of the most famed heroines. Bayreuth and the entire Wagnerian universe found new meaning in her portrayals. What a quintet in the *Meistersinger* in which she, as Eva (many may have forgotten this) sang with angelic and almost unreal voice. Never before had I heard this phrase interpreted with such musicality. Then as Sieglinde with her poignant "Der Männer Sippe" – a role that she transcended, literally.

Wolfgang Wagner · Bayreuth

Andrew Lloyd-Webber · Arena di Verona

In 1972 Götz Friedrich became interested in *Tannhäuser.* A visual revolution in the Festspielhaus, not always according to the taste of the pilgrims to the sacred hill, to say nothing of Erich Leinsdorf himself. How could anyone dare to give the roles of Venus and Elisabeth to one and the same singer? Gwyneth Jones mastered this with flying colours. The dual aspect of the eternal femininity – the sensual and the pure – and yet passionately interpreted with such a rare intensity. Impossible to forget were her seductive imprecations as the temptress, and her vocal magnificence when she played the niece of the Landgraf. How could one ever forget Gwyneth's beautiful body crawling across the stage as Götz Friedrich had asked her to? Or the complexity of Kundry, destroying and liberating, with all her tragic sensual radiance, she set a model of precise characterization in a role of violent excesses.

Not to be forgotten too is her interpretation of Senta, this obsessed dreamer destined for the Dutchman's romantic ideal. What a look she threw him! Karl Böhm was the conductor that year. She was to be Brünnhilde under Wolfgang Wagner. (Afterwards in Paris she held the reins of a real horse – an undisciplined and very nervous beast.) She accomplished this before an extremely significant and, for her, decisive meeting with Boulez and Chéreau for the *Ring* of the century which was to cause real waves on the Rhine.

1976 – what a year! A kind of Dreyfus affair in the operatic world – a year in which the supporters and opponents confronted each other like spewing volcanos. But let the combatants of the two opposing parties carry on their ferocious battle, for they were as boundless and unanimous in their admiration for the absolute Brünnhilde – Gwyneth Jones. Who could resist this fascinating presence, this passionate force hidden in a mask and a voice. No hefty warrior maiden, but a woman, beseeching Wotan with body and soul. A little later the marvellous awakening of this quite different "Sleeping Beauty" in front of the loving Siegfried. I see her face before me. I hear now her vocal escapades of rage during the "spear vow". I can still clearly hear her nobly accentuated "Alles, alles" from the final scene of *Götterdämmerung.* Fortunately this historic *Ring* has been recorded on video for posterity, years after Solti's *Ring,* in which Gwyneth sung Wellgunde.

Gwyneth is also overwhelming as Isolde. One understands the impatience of all Tristans in Paris, Berlin, London, New York, and Vienna when she, in nocturnal love frenzy, throws herself in the open arms of this sublime mythical lover. A passage in which her voice perfectly harmonizes with that of René Kollo – a total balance.

The Wagnerian universe has much to thank Gwyneth Jones for, but the magical music of the Garmisch composer has also found in her a legendary interpreter. Is it perhaps because her husband is called Till – like the sympathetic hero by Strauss and has so much humour?

What an enchanting sight when she sings, as she did in Paris, the "Vier letzte Lieder" when her voice glistened like a precious jewel. Elektra's almost unbearable madness, a role in which she attains an indescribable rigorousness. I would applaud her in this part over and over again; in Paris, Geneva, or anywhere.

And if you have never heard her in the solemn duet with Orest you could not begin to imagine what wonderful moments she has brought us. If she wished, she could be the most emotional Chrysothemis in the same opera, the sister of Clytemnestre's dreadful daughter. This is true art, to slip from one part into another utterly different one, and without loss of credibility. The monstruously mad Salome, both hateful and pitiable – Gwyneth Jones spits all the virulence imaginable. Seldom was the morbid mood of the final scene performed with such sensuality! Does the record with Karl Böhm conducting not offer proof enough? Does her full voice not convey the finest poetry of all the emotions of Ariadne of Naxos's split personality?

She made a brief visit to Paris to receive the award of the Charles Cros Academy as the crowning of her interpretation of the Marschallin in *Rosenkavalier* with the Bavarian State Opera under Carlos Kleiber. We can hear and watch her on the CD video as an explicit narrator of Hofmannsthal's text, as a touching and fragile great lady who watches nostalgically how time is passing; uneasy at the thought of not being able to please her young lover Octavian any more; Octavian alias Quinquin (whom Dame Gwyneth also played with the greatest subtlety in Vienna, with Leonard Bernstein conducting).

Her grand recording of *Ägyptische Helena* must naturally not be left out. And who does not know the successful film version of *Die Frau ohne Schatten* in which the unforgettable singer acts and sings with great passion the wife of Barak the dyer?

Daphne is another great Strauss heroine whom Gwyneth Jones has glorified without ever having played her. She is so much at heart with her that she chose this name for her ravishing daughter. It is a role in which the singer must express all the remorse which Daphne has felt since the disappearance of her beloved Leucippos.

Our Welsh singer could never resist Leonore in *Fidelio,* a faithful and ingenious woman. She became the favourite interpreter of this role wherever she appeared. In 1989, in front of the Augustus statue in Orange, she enraptured a large, densely packed summer audience with this role who showed their appreciation by their momentous applause. Even without a stage setting her presence alone conveyed the credibility of this Beethoven opera.

Only recently she testified to her remarkable sense for the theatre during the world revival of *Notre Dame de Paris* under the baton of Christof Perick. Only the intermezzo from this opera by Franz Schmidt is generally known. By a dramatic rendering of Victor Hugo's heroine, Esmeralda, Gwyneth Jones brought a little-known work to the public's attention.

Although it is German opera which has primarily contributed to her vast reputation, Gwyneth has also given great performances in Italian operas. Her first appearance in a Verdi opera was as an enchanting Amelia in *Ballo in Maschera.* Her marvellous Aida too will remain in everyone's memory. Her debut at Covent Garden will also remain unforgotten, when she stood in for Leontyne Price as Leonore in *Trovatore* under Giulini's baton – she was an instant success.

I am particularily fascinated by her Desdemona. Just listen to the recording of *Otello* under Sir John Barbirolli! Only very few singers have managed to sing the Willow Song and the Ave Maria with such pure emotion and restraint. Simply unique! But also as beautiful and moving Elisabetta, the sweet bride of Don Carlos; a queen against her own will and the wife of Philip II at the terrible time of the inquisition which Verdi so thrillingly describes.

Because of Dame Gwyneth's temperament, Puccini's heroines too were awarded a passionate interpretation. She always plays Tosca with passionate dedication, trembling and in love right up to her death. She incarnates the terrible tragedy of delicate Madame Butterfly, and is able to change with amazing authenticity into the unyielding Princess Turandot whom only passion can restrain. Who else can so embody Santuzza in Mascagni's *Cavalleria Rusticana*?

Paris, the Palais Garnier – an unforgettable evening! Ghiaurov and Christa Ludwig were also present. We experienced a "few minutes of eternity," as Prévert said. It was a moment of paradise! Gwyneth and Vickers approached each other; Poppea and Nero in an overwhelming passion. We shall never forget that moment of pure ecstasy when the divine music by Monteverdi rose to Chagall's ceiling. I am sorry, my dear Baroque enthusiasts, but on that evening we loved that version of Leppard which you so vehemently detested...

In June 1989 Gwyneth Jones gave us yet another surprise, and what a surprise this was! There she suddenly stood, alone on the stage of Chatelet, at the telephone – for the first time in her career in an Alain Françon production, with stage sets by Yannis Kokkos. The triumphant lady in the "luxury" opera suddenly became the abandoned lover of Cocteau and Poulenc, disturbingly real. Perhaps she had never before been as good as in this heartbreaking monologue of agony and loneliness, performing with pathetic and familiar emphasis. Fortunately, a few days later, cameras and microphones recorded these touching moments when Serge Baudo conducted the Ensemble Orchestral de Paris.

Naturally Gustav Mahler is another favourite composer whom the beautiful singer from Pontnewynydd passionately admires, for she also sang under Leonard Bernstein's baton a remarkable version of the imposing *Symphony of the Thousand.* Only recently, on the stage of Chatelet, she gave expression to the fears of the great Bohemian composer with a magnificent performance of *Des Knaben Wunderhorn*. The audience was moved to tears. In another dear oeuvre of hers – oratorio – she excels in Mendelssohn's *Elijah.*

How could one justify her vast series of successes without mentioning some of the triumphant performances? Her acting and vocal power have brought success to Gwyneth Jones in Cherubini's *Medea* too. All these roles which she has performed all over the world, are indelibly fixed in the memory. Why?

Götz Friedrich · Bayreuth

Luciano Pavarotti · Pittsburgh

One need not search very far. If Gwyneth Jones succeeds time and again in captivating us in all the various roles which she impersonates with dramatic delight, supported by the world's greatest orchestras, it is because of her assured stage instinctiveness. It is a kind of osmosis between herself and her heroines. An inherent gift! It is also because not only does she thoroughly study the psychological aspect of any part she is to play, but she also fully merges into the mood of the time and place of the action. She travelled to Japan to study the land of Butterfly; to Mykenos on the trail of Elektra. Like a dedicated historian she analysed the reign of Philip II for *Don Carlo* down to the tiniest detail.

And another thing: Watch Gwyneth Jones closely when she sings. Even in the most dangerous passages her face is serenely beautiful. This is the wonderful thing about her. What a welcome change when you think of the distorted faces of some of her colleagues who, in difficult passages loose control over their gestures and grimaces.

She told me once that "when all is said and done almost all soprano roles are lovers' roles." When I then reminded her of the amusing Bernard Shaw quotation that "the entire operatic lyrics are nothing more than the love between a tenor and a soprano, interfered by a baritone," she replied gaily: "Perhaps it's just that which is so difficult—to be able to portray the characteristic individuality of each role. It is not achieved merely by the changing of roles. An artist must think of her present and her future role. One feels a role, builds it up by adapting it to one's own temperament albeit without estranging its substance. Passion and accuracy are part of the preparation. Then everything falls into place on its own."

Gwyneth Jones is quite categoric about Lieder too: "Lieder is a very difficult art form, full of nuances. Alone, you must tell the audience a story, accompanied only by a pianist. On the opera stage, in the middle of a performance you concentrate entirely on your role, on the singing with your colleagues and the general ambiance. Every moment requires absolute technical command and control of the voice. All opera singers should sing Lieder."

No matter whether she sings or speaks, her charm captivates you, for she has intellect, soul and heart, always and everywhere. I pity those who never had the chance to hear Dame Gwyneth Jones in one of her roles. Just as I pity all those people who never had the opportunity of seeing Karajan, Solti or Giulini standing in front of an orchestra; of hearing Callas sing Norma, or Lily Laskine play the harp, Horowitz or Richter seated at the grand piano—for, just as all these, Gwyneth Jones has greatly influenced the art of interpretation of our time.

What are her special characteristics? Whenever she appears on a stage she continues to amaze and overwhelm us. Gwyneth? It stands for: G for Generosity, W for Wagner, Y for Yin (Chinese symbol of femininity), N for Noblesse, E for Energy, T for Temperament and H for Honour.

She is in Paris, before us, radiant. Till is near her, attentive to her smallest wishes and to be at her side with words and deeds. The spring sun shines in her hair. What is she thinking of? Of her daughter Susanne Daphne, who is just as fascinated by the stage as her mother and who hopes to stand there too some day? Of her next role as Carmen? Or of future projects which even now herald a "singing tomorrow" for us?

CLYM*

*French original

Sir Georg Solti · Paris

La voix du cœur

A cinq ans, j'étais déjà sûre de monter un jour sur une scène, pour moi il n'y avait aucun doute! Je ne savais pas si je serais tragédienne, comédienne ou chanteuse d'opéra, mais j'étais irrésistiblement attirée par le spectacle, c'était une certitude.»

Voici la confidence que me fit un jour Gwyneth Jones, par un beau jour d'été, lors de ma première interview, non loin des locomotives de la gare de Bayreuth chère à Lavignac. Qui mieux que ce livre magique pourrait nous raconter ce que la petite fille galloise prévoyait avec tant de conviction, cette carrière flamboyante de l'une des plus glorieuses cantatrices de XXème siècle.

Regardons ces images précieuses, où tout l'art des photographes est là. Il sait mettre en relief avec une vérité saisissante, violentes ou nuancées toutes les attitudes de cette artiste à l'âme généreuse, au sourire plein d'humour et au tempérament de feu.

La première fois que j'ai entendu chanter Gwyneth Jones, ce fut lors de ce fameux concert de Prestige de la Musique, où invitée par Jean Fontaine une jeune soprano de vingt-neuf ans se trouva soudain un soir devant le public parisien. Elle ne voulait pas de demi-victoire, mais un triomphe total, elle l'obtint!

Avec quelle émotion elle nous offrit coup sur coup les airs fameux des trois Leonore, celui du *Trouvère,* «D'amor sull'ali Rosee» suivi du «Pace mio Dio», de la *Force du Destin,* puis «Abscheulicher» de *Fidelio.* Audace enfin de terminer ce tour de chant par le terrible «Vieni, t'affretta! Accendere» de Lady Macbeth; toute la Salle Pleyel délirait, subjuguée par ce timbre bouleversant aux mille chatoiements sensuels d'une pureté de diamant.

Car ce qui frappe avant tout et toujours chez Gwyneth Jones, c'est cette concordance unique entre la beauté et la voix. On reste chaque fois stupéfait devant la noblesse d'expression de son merveilleux visage, si radieusement féminin, aux beaux yeux expressifs; on n'échappe pas à l'emprise de cette physionomie où l'on décèle aussi à travers la sensibilité et l'émotion s'en dégageant, la forte personnalité de celles qui, tout en savourant la vie à pleines dents, en acceptent tous les problèmes, cela grâce à une volonté acharnée. Oui le visage d'une reine au regard à la fois impressionnant et rassurant, celui d'une très grande dame dont le maintien altier n'empêche pourtant jamais la spontanéité. Un visage où l'on pressent de suite combien il peut exprimer dans différents rôles, tour à tour tendresse ou haine, sérénité et tourment.

Grande simplicité aussi chez cette artiste fabuleuse qui n'hésitera pas, très décontractée, à fredonner avec moi «Someone to Watch Over Me» de Gershwin en se promenant avenue de l'Opéra. Eclectisme aussi dans ses hobbies familiers, la cuisine et le jardin, ainsi que dans ses admirations: son adoration envers Kirsten Flagstad et Birgit Nilsson.

Si l'homme du destin fut Karajan pour Mirella Freni et Gundula Janowitz, pour Gwyneth ce devait être Sir Georg Solti, tout de suite fasciné par sa voix et son jeu, devinant immédiatement les possibilités d'une cantatrice aussi douée, dont il sut très vite mettre en valeur les prodigieuses qualités.

Son tempérament exceptionnel aux ressources infinies destinait Gwyneth Jones aux héroïnes les plus diverses. Ce fut Bayreuth et tous les sortilèges wagneriens trouvant grâce à elle un épanouissement nouveau. Ah, ce quintette des *Maîtres Chanteurs* où Eva de rêve – certains l'ont peut-être oublié – sa voix s'élevait

Pierre Boulez · Bayreuth

Patrice Chéreau · Bayreuth

séraphique irréelle tel un violoncelle; jamais je n'avais entendu cette page phrasée si musicalement. Sieglinde ensuite et son poignant «Der Männer Sippe», rôle féminin fait pour elle qu'elle transcenda littéralement.

En 1972, Götz Friedrich s'intéresse à *Tannhäuser.* Une révolution visuelle au Festspielhaus, pas toujours du goût des pélerins de la Colline Sacrée, ni même d'Erich Leinsdorf d'ailleurs. Comment oser confier les rôles de Vénus et d'Elisabeth à la même cantatrice! Gwyneth Jones tient la gageure: ce double aspect de l'éternel féminin, le sensuel et le pur, mais passionné, ne le ressent-elle pas alors avec une rare intensité? Impossible de ne pas se souvenir de ses imprécations séductrices dans la tentatrice, et de sa somptuosité vocale lorsqu'elle incarnait la nièce du landgrave. Comment oublier le beau corps de Gwyneth rampant sur la scène selon les indications de Götz Friedrich? Complexe Kundry, nocive et rédemptrice, torturée et aimante elle le sera de son impact tragique et sensuel, véritable modèle à suivre ensuite pour la caractérisation exacte d'un rôle aux paroxysmes envoûtants.

Ne pas oublier surtout son interprétation de Senta, la rêveuse obsédée, destinée à l'image romantique du *Hollandais.* Quel regard elle lui jetait! Karl Böhm, cette année-là, était au pupitre. Brünnhilde, elle le sera avec Wolfgang Wagner. (Puis à Paris tenant par la bride un «vrai» Grane, cheval indiscipliné et peureux devant des sacs de sable!) Cela avant cette rencontre primordiale, décisive entre elle, Boulez et Chéreau pour ce *Ring* du centenaire qui fit couler tant d'encre dans les eaux du Rhin!

1976, une date! Une sorte d'affaire Dreyfus de l'art lyrique, où les pour et les contre vont s'affronter avec un acharnement volcanique. Mais si l'ardeur combative des partisans des deux camps se déchaînera férocement, leur ardeur admirative envers Gwyneth Jones, Brünnhilde absolue, ne connaîtra pas de bornes. Comment résister en effet à cette présence fascinante, à cette violence passionnelle inscrite dans ce masque et dans cette voix. Plus de vierge guerrière aux formes imposantes, mais une femme vibrant de tout son être en implorant Wotan. Plus tard, ce sera le réveil éblouissant devant Siegfried amoureux, de cette autre «Belle au bois dormant». Je revois encore le visage Gwyneth, j'entends ses élans vocaux vengeurs lors du serment sur la lance, j'ai toujours dans l'oreille ses «Alles, alles» de la scène finale du *Götterdämmerung* chantés avec des accents sublimes. Heureusement le disque vidéo a fixé pour toujours cette tétralogie historique réalisée bien après celle de Solti, où Gwyneth chantait Wellgunde.

Isolde bouleversante Dame Gwyneth l'est aussi; on comprend l'impatience de tous les Tristan, à Paris, Bayreuth, Londres, New York ou Vienne, s'élançant vers cette amante sublime, mythique, leur ouvrant ses bras lors de l'enivrant nocturne. Un passage où sa voix et celle d'un René Kollo par exemple s'harmonisent dans un équilibre parfait.

Si l'univers de Wagner doit donc beaucoup à Gwyneth Jones, la musique enchanteresse du compositeur de Garmisch a trouvé aussi grâce à elle une interprète légendaire. Est-ce en partie parce que son mari se nomme Till comme le sympathique héros straussien et possède beaucoup d'humour? Nul ne le sait, mais quelle féerie lumineuse quand elle chante, comme elle le fit à Paris, les Quatre derniers lieder, parés par sa voix de toute leur magie sensorielle. Paroxysme presque insoutenable du personnage d'Elektra, atteignant dans son interprétation une âpreté indescriptible. Oui encore et encore j'irai l'applaudir dans ce rôle à Paris, Genève ou ailleurs.

Ceux qui ne l'ont pas entendue dans le pathétique duo avec Oreste, ne peuvent imaginer les moments fabuleux qu'elle nous fait vivre. Et cependant, elle peut, si elle le désire, devenir, une autre fois dans le même opéra, la plus touchante des Chrysothemis, la sœur de la terrible fille de Clytemnestre. C'est cela le grand art, passer d'un personnage si différent de l'autre à l'autre avec la même vérité! De Salomé nevropathe monstrueuse, haïssable et pitoyable, toute la virulence sort de la bouche de Gwyneth Jones; rarement l'atmosphère morbide de la scène finale n'a été projetée avec une telle sensualité! Le disque avec Karl Böhm au pupitre, n'est-il pas là pour le prouver? Sa voix pulpeuse ne traduit-elle pas aussi avec une infime poésie tous les émois du «double» personnage d'*Ariadne à Naxos?*

Bref séjour parisien de Dame Gwyneth venant recevoir un Prix de l'Académie Charles Cros, couronnant son interprétation de la Maréchale d'un *Chevalier à la Rose* dirigé par Carlos Kleiber, à la tête du Bayerische Staatsoper. Nous pouvons la voir sur ce vidéo-disque détaillant merveilleusement le texte d'Hofmannsthal, émouvante et fragile grande dame regardant avec nostalgie défiler le temps qui passe, inquiète de ne plus plaire à Octavian, son jeune amant, alias Quinquin.

Il faut aussi posséder le magnifique enregistrement d'Hélène d'Egypte qu'elle grava pour notre plus grande joie. Qui ne connait également cette belle version filmée de la *Femme sans ombre* où l'inoubliable cantatrice joue et chante avec passion l'épouse du teinturier Barak.

Autre héroïne straussienne que Gwyneth Jones adore sans l'avoir interprétée: celle de Daphné, héroïne si chère à son cœur que sa ravissante fille porte le même prénom. Un rôle où l'interprète doit exprimer tout le remord qui la ronge après la disparition de son cher Leucippe.

Léonore alias Fidelio, femme aussi fidèle qu'ingénieuse, a toujours tenté notre cantatrice galloise. Elle en fut un peu partout l'interprète privilégiée. En 1989, devant la statue d'Auguste à Orange, elle devait dans ce rôle enthousiasmer la foule de l'été juchée sur les gradins, qui l'applaudit à tout rompre! Même sans décors, dans cette version de concert, sa seule présence donnait toute sa crédibilité à l'opéra beethovenien.

Tout récemment, elle vient une fois de plus de montrer son remarquable sens théâtral, grâce à l'enregistrement en première mondiale de *Notre Dame de Paris,* que dirige Christof Perick. De cet opéra composé par Franz Schmidt, on ne connaît généralement que le fameux intermezzo. En donnant une rare dimension dramatique au personnage hugolien d'Esmeralda, Gwyneth Jones révèle ainsi un ouvrage assez peu connu du grand public.

Si, comme on le voit donc, le répertoire lyrique germanique contribua beaucoup à sa faramineuse réputation, Gwyneth a excellé tout autant dans les rôles de l'opéra italien, au cours d'une trajectoire où ne se comptent plus ses incessants triomphes; commençant son approche verdienne avec une Amélia captivante dans *le Bal masqué.* Sa magnifique Aida reste également dans toutes les mémoires. On se souviendra longtemps de ses débuts au Covent Garden où, remplaçant Leontyne Price, elle obtint d'emblée le succès foudroyant que l'on sait dans Léonore du *Trouvère,* dirigée par Giulini.

Je reste, quant à moi, particulièrement séduit par sa Desdémone. Ecoutez l'enregistrement d'*Othello* dirigé par Sir John Barbirolli; bien peu de cantatrices ont chanté avec une émotion aussi pudique l'air du Saule et l'Ave Maria. Superbe! Aussi belle qu'émouvante ne fut-elle pas Elisabeth, la douce fiancée de Don Carlos, devenue «Régina» malgré elle, l'épouse de Philippe II à l'époque terrible de l'Inquisition si bien évoquée par Verdi?

Les personnages pucciniens n'ont-ils pas trouvé, eux aussi, grâce à son tempérament, une interprète passionnée! Elle campe chaque fois une Tosca toute frémissante, amoureuse jusqu'à la mort avec une rare intensité. Si elle saisit tout le drame intérieur de la tendre Butterfly, elle devient également avec une impressionnante vérité l'impitoyable princesse Turandot que la passion arrivera à dompter. Qui peut comme elle, d'autre part, incarner avec un tel relief Santuzza dans *Cavalleria rusticana* de Mascagni?

Paris, le Palais Garnier, un soir à marquer d'une pierre blanche. Ghiaurov et Christa Ludwig sont là eux aussi. Nous allons vivre de ces «petites minutes d'éternité» dont parle Prévert. C'est l'instant paradisiaque! Gwyneth et Vickers s'avancent l'un vers l'autre, Poppée et Néron ivres d'amour. On retient son souffle devant tant de beauté! Jamais, jamais nous n'oublierons ce moment d'extase unique où la musique de Monteverdi montait divine vers le plafond de Chagall. Ne vous en déplaise Messieurs les baroqueux, ce soir-là cette version de Leppard que vous détestez tant, nous l'avons aimée...

En juin 1989, Gwyneth Jones nous réservait encore une surprise, et quelle surprise. Sur la scène du Châtelet, pour la première fois de sa carrière dans la mise en scène d'Alain Françon et le décor de Yannis Kokkos, la voilà seule devant un téléphone. La femme triomphante des opéras «luxueux» devient avec une vérité bouleversante l'amante délaissée imaginée par Cocteau et Poulenc. Peut-être n'a-t-elle jamais été aussi grande que dans ce déchirant monologue de la peine et de la solitude exprimées avec des accents aussi pathétiques que familiers. Heureusement, quelques jours plus tard, les caméras ont bien fonctionné et le disque a fixé aussi ce moment de véritable émotion où Serge Baudo se trouvait au pupitre de l'Ensemble Orchestral de Paris.

Parmi ses autres compositeurs favoris, Mahler aussi bien sûr est là, notre belle cantatrice de Pontnewynydd l'aime aussi passionnément, puisqu'elle devait chanter, sous la direction de Bernstein, une version remarquable de la colossale «Symphonie des mille». Tout récemment encore sur la scène du Châtelet ne fit-elle pas surgir toutes les angoisses du compositeur bohémien lors d'une interprétation magnifique du

Birgit Nilsson · Plácido Domingo · London

Karl Böhm · Bayreuth

Des Knaben Wunderhorn où le public fut ému jusqu'aux larmes! Dans le domaine de l'oratorio où elle excelle, Elias de Mendelssohn demeure une de ses œuvres préférées.

Mais comment narrer tant de succès sans en oublier! Son pouvoir incroyable en ce qui concerne l'expression vocale et scénique fit également triompher Gwyneth Jones dans *Médée* de Cherubini! Tous ces rôles qu'elle chanta un peu partout dans le monde, très souvent, laissent donc des souvenirs impérissables. Pourquoi?

Que l'on réfléchisse un peu. Si Gwyneth Jones parvient à nous séduire si profondément, incarnant avec une telle volupté dramatique tous les personnages féminins qu'elle incarne successivement «accompagnée» par les plus grands orchestres mondiaux, c'est bien sûr grâce à son infaillible instinct de la scène, sorte de phénomène d'osmose entre elle et ses héroïnes.

Ce don est inné! Mais c'est également parce que chaque fois elle tient à étudier intimement non seulement l'aspect psychologique de ses modèles, mais de plus qu'elle désire se mettre complètement dans l'ambiance exacte de l'époque et du lieu où se passe l'œuvre qu'elle doit interpréter, allant même par exemple jusqu'au Japon pour s'inspirer du pays de Butterfly, ou à Mycènes en songeant à Elektra. N'a-t-elle pas étudié dans ses moindres détails, exactement comme une agrégée d'histoire, le règne de Philippe II à propos de *Don Carlos!*

Autre remarque, regardez chanter Gwyneth Jones, observez bien, son visage garde toujours sa beauté, même dans les passages vocalement les plus périlleux. Voici le miracle! Cela nous change évidemment des masques grimaçants de certaines de ses consœurs, incapables de maîtriser totalement leurs mimiques durant leurs prouesses techniques.

Un jour elle m'a dit, «finalement, presque tous les rôles de soprano sont des rôles d'amoureuses». Comme je lui remémorais alors l'amusante boutade de Bernard Shaw, affirmant que tout l'art lyrique se résumait à l'amour d'un ténor et d'une soprano contrarié par un baryton, elle me répondit en souriant: «Peut-être, mais justement, ce qui est difficile c'est d'arriver à différencier la nature de chaque personnage. Changer de robe n'est pas tout, une artiste doit toujours penser avec sérénité à ses rôles présents ou futurs. Un rôle on le ressent, on le construit ainsi en sachant l'adapter à son tempérament sans en trahir l'essence. Il faut le préparer avec autant de passion que de minutie. Après cela va tout seul.»

A propos des lieder, là aussi, sur ce point, Gwyneth Jones est catégorique: «L'art du lied est difficile, tout en nuances, on est seule, on raconte au public une histoire, accompagnée seulement par un pianiste. Sur scène, au cours d'une représentation, on est pris par son personnage, par le jeu de ses partenaires et par l'ambiance. Avec le lied on ne peut jamais tricher. Il demande, de plus, une maîtrise technique de chaque instant, c'est un véritable contrôle de la voix. Tous les chanteurs d'opéra devraient interpréter des lieder.»

Qu'elle parle ou qu'elle chante, on reste sous son charme, car avec elle l'intelligence et le cœur vont de pair, à n'importe quel instant. Vraiment, comme ils sont à plaindre ceux qui n'ont pas encore eu la chance de voir Dame Gwyneth Jones en train de vivre un de ses rôles, aussi à plaindre que les frustrés qui n'ont pas vu Karajan, Solti ou Giulini devant un orchestre, Callas chanter Norma, Lily Laskine jouer de la harpe, Horowitz ou Richter devant un piano, car comme eux, elle a marqué formidablement l'art de l'interprétation de notre époque.

Signe particulier? Chaque fois qu'elle apparaît, elle nous éblouit encore davantage et nous bouleverse un peu plus. Gwyneth? G comme générosité, W comme Wagner, Y comme yeux, N comme noblesse, E comme énergie, T comme tendresse, H comme honneur.

Elle est à Paris, devant nous, radieuse, Till est près d'elle, attentif à ses moindres désirs, la conseillant au mieux; le soleil printanier se reflète dans ses cheveux, à quoi pense-t-elle, à sa fille Susanne Daphne, fascinée comme elle par l'opéra et qui souhaite sans doute elle aussi monter un jour sur une scène? A son prochain personnage, Carmen la gitane? ou bien encore à ses autres projets qui nous promettent déjà des «lendemains qui chantent»?

CLYM

Gwyneth Jones in Wort und Bild
Gwyneth Jones with Text and Illustrations
Gwyneth Jones en mots et en images

Gwyneth, im Alter von 6 Monaten

Mam and Dad
Eddie and Violet Jones, née Webster

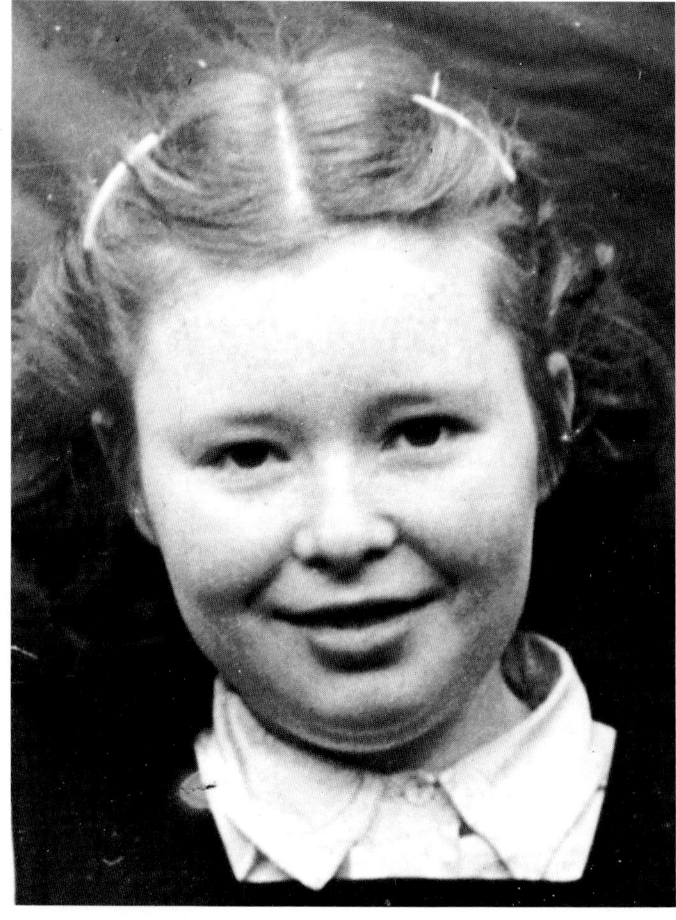

Gwyneth, 10 Jahre alt

The Dorothy Adams-Jeremiah Singers, Gwyneth mit 17

The school motto "He who strives, thrives" has always played an important role in my life. How very true it is – nothing can ever be achieved without hard work, but I would never have dreamt in my wildest dreams that my striving would reward me with such an important career. Enabling me to sing in all the world's greatest Opera Houses. Working with famous conductors and producers, playing Heroines, Queens and Princesses dancing the dance of the seven veils as Salome, bringing the message of love and freedom as Fidelio, or jumping to my death as Tosca or Senta.

Often when I am performing in New York or some other far away city, I think of the young girl who used to spend most of her free time singing in choirs, competing in local Eisteddfods and entertaining the old people and the sick. How lucky we were to have Jean Adams as our music mistress. Our lessons were always a joy as in fact were all our other lessons as well. We used to coax her to play "The Flight of the Bumble Bee" for us. The staff were always such good sports and we all loved them dearly. It was, in fact, this deep devotion and love on both sides which made Twmpath so very special for me, and this continues even today. The bond of friendship has continued. Today, my former teachers, now my friends, make special journeys to London to hear me sing at Covent Garden. This moves and thrills me beyond words, and I feel that I shall never loose contact with my "home town" because of this wonderful bond with my school.

The years at Twmpath passed so quickly and suddenly came my last day. How well I remember crying all the way home, as I was so sad that this period in my life had ended, even though I had a wonderful job to look forward to, as secretary to the Managing Director (Mr. Rowley Meredith) at the Pontypool Iron and Steal Foundry. Never in my wildest dreams could I have known that one day I would change my office desk for the stages of the world's leading opera houses, concert halls, film and recording studios, acting as an Ambassadress for Britain in the Arts.

GWYNETH JONES

Gwyneth mit 17

Das Schulmotto »Ohne Fleiß kein Preis« hat in meinem Leben immer eine wichtige Rolle gespielt. Wie wahr ist es – ohne harte Arbeit kann man nie etwas erreichen; aber ich hätte mir in meinen kühnsten Träumen nicht ausgemalt, daß mich mein Fleiß einmal mit einer so bedeutenden Laufbahn belohnen würde und es mir möglich machte, an den größten Opern der Welt zu singen. Mit berühmten Dirigenten und Regisseuren zu arbeiten, Heldinnen, Königinnen und Prinzessinnen zu verkörpern, den Tanz der sieben Schleier zu tanzen als Salome, die Botschaft der Liebe und Freiheit zu überbringen als Fidelio oder in den Tod zu springen als Tosca oder Senta.

Oft, wenn ich in New York oder einer anderen weit entfernten Stadt auftrete, denke ich an das junge Mädchen, das den Großteil seiner Freizeit damit verbrachte, in Chören zu singen, in lokalen Eisteddfods an Wettbewerben teilzunehmen und alten Leuten und Kranken eine Freude zu machen. Welches Glück, daß wir Jean Adams als Gesangslehrerin hatten. Unsere Gesangsstunden waren immer eine Freude, wie eigentlich alle anderen Unterrichtsstunden auch. Wir überredeten sie jeweils, »The Flight of the Bumble Bee« für uns zu spielen. Alle Lehrer hatten so viel Humor, und wir mochten sie sehr. Und genau diese schrankenlose Hingabe und Zuneigung auf beiden Seiten war es, was Twmpath zu etwas Besonderem für mich machte, auch heute noch. Das Band der Freundschaft verbindet uns auch jetzt, meine ehemaligen Lehrer, meine heutigen Freunde, reisen eigens nach London, um mich in Covent Garden singen zu hören. Das rührt und freut mich mehr, als Worte ausdrücken können, und ich habe das Gefühl, daß ich dank dieser wunderbaren Verbindung zu meiner Schule nie den Kontakt zu meiner »Heimatstadt« verlieren werde.

Die Jahre in Twmpath gingen so schnell vorbei, und plötzlich kam mein letzter Tag. Wie gut erinnere ich mich daran, wie ich den ganzen Heimweg geweint habe, weil ich so traurig war, daß dieser Lebensabschnitt zu Ende war, obwohl ich eine großartige Stelle hatte, als Direktionssekretärin von Mr. Rowley Meredith in der Eisen- und Stahlgießerei von Pontypool. Ich hätte mir nie träumen lassen, daß ich eines Tages meinen Büroschreibtisch gegen die Bühnen der führenden Opernhäuser der Welt tauschen würde, gegen Konzertsäle, Film- und Aufnahmestudios und als Botschafterin der Künste für Großbritannien wirken würde.

La devise de l'école, «celui qui lutte, réussit», a toujours joué un rôle important dans ma vie. Comme cela est vrai: rien ne peut jamais être accompli sans travailler durement. Mais, dans mes rêves les plus fous, je n'aurais jamais espéré que ma lutte soit récompensée d'une carrière aussi importante. Qu'elle me permette de chanter dans toutes les plus grandes salles d'opéra du monde, Covent Garden à Londres, le Met de New York, Vienne, Munich, la Scala de Milan ainsi que d'autres grandes salles, aussi loin que Buenos Aires ou Tokyo. Qu'elle me permette de travailler avec des chefs d'orchestres et des metteurs en scène célèbres; de jouer des héroïnes, des reines et des princesses; de danser la Danse des sept voiles de Salomé; d'apporter le message de l'amour et de la paix dans Fidelio, ou de me jeter dans les bras de la mort dans les rôles de Tosca ou de Senta.

Souvent, quand je me produis à New York ou dans d'autres villes lointaines, je pense à la jeune fille qui avait l'habitude de passer l'essentiel de son temps libre à chanter dans des chorales, participant aux Eisteddfods, ces concours de musique et de chant qui ont lieu chaque année au Pays de Galles, et à divertir les personnes âgées et les malades. Quelle chance nous eûmes d'avoir Jean Adams comme maîtresse de musique. Nos leçons étaient toujours une joie, comme l'étaient aussi d'ailleurs toutes nos autres leçons. Nous avions l'habitude de l'amadouer pour qu'elle nous joue «le vol du bourdon». Le corps enseignant était toujours si sympa, et nous les aimions tous profondément. En fait, c'était la profondeur de cette dévotion et de cet amour réciproques qui rendit Twmpath si spécial pour moi et, même aujourd'hui, cela continue. Le lien d'amitié s'est maintenu. Aujourd'hui, mes anciens professeurs, mes amis maintenant, se déplacent spécialement jusqu'à Londres pour m'entendre chanter à Covent Garden. Ceci me bouleverse et m'électrise au delà des mots, et j'ai le sentiment que je ne perdrai jamais contact avec ma «ville natale» grâce à ces liens merveilleux avec mon école.

Les années à Twmpath passèrent si vite, et soudain arriva mon dernier jour. Combien je me souviens d'avoir pleuré tout au long du chemin qui me ramenait à la maison, tellement j'étais triste que cette période de ma vie ait pris fin, même si je pouvais me réjouir d'un travail merveilleux comme secrétaire du directeur général (M. Rowley Meredith) à la Pontypool Iron and Steal Foundry. Jamais, dans mes rêves les plus fous, aurais-je pu deviner qu'un jour j'échangerais mon bureau contre les scènes des principaux opéras du monde, les salles de concert, les films et les studios d'enregistrement, dans le rôle d'une ambassadrice des arts au service de la Grande-Bretagne.

GWYNETH JONES

Gwyneth mit 20

Dinah · Trouble in Tahiti · 1962

3. Dame · Die Zauberflöte · 1962

Orfeo · Orfeo · 1962

Magdalene · Die Meistersinger von Nürnberg · 1962

Czipra · Zigeunerbaron · 1962

Gwyneth Jones explodiert überhaupt gern. Sie ist eine der Sängerinnen, für die alles eins ist: Stimme und Körper, Musik und Spiel, Licht und Farbe und Rausch. Sie hat nie gelernt, mit sich zu knausern. Sie singt Emotionen aus sich heraus und erwartet von ihrem Partner, es ihr darin gleichzutun. Gwyneth Jones will sich nicht nur an ihrem Partner entzünden: Sie will brennen und natürlich singen.

»Tag für Tag bereite ich mich genußvoll darauf vor. Ich sitze stundenlang in der Hotelbadewanne und entspanne mich mit der Lektüre der Partitur. Alle meine Noten sind naß, aber sie erzählen mir immer neue Dinge. Man wird musikalisch mit einer Partie niemals fertig.«

Denn Gwyneth will nicht nur mit ihren Partnern kommunizieren, mit dem Dirigenten, auch mit dem Publikum. Sie will es einschließen in den künstlerischen Vorgang der musikdramatischen Reproduktion, und zwar auf Gedeih und Verderb.

Gwyneth Jones likes to explode readily. She is one of those singers for whom everything is of equal importance. Voice and body, music and acting, light and colour and elation. She has never learnt to be sparing with herself. She sings out her emotions and expects from her partners that they will do the same. Gwyneth Jones does not only want to catch a spark from her partner, she wants to be set aflame and sing naturally.

"Day after day I happily prepare myself. I sit for hours in the hotel bath and relax studying the score. All my music sheets get wet, but they always tell me something new. Musically, one is never finished with a role."

For Gwyneth does not only wish to communicate with her partners, with the conductor but also with the audience. She wants them to be involved in the artistic procedure of the music-dramatic reproduction – for better or worse.

D'une manière générale, Gwyneth Jones aime exploser. Elle est de ces cantatrices pour lesquelles tout est un: la voix et le corps, la musique et le jeu, la lumière, la couleur et l'ivresse. Elle n'a jamais appris à se ménager. En chantant, elle déborde d'émotion et attend de son partenaire qu'il y parvienne également. Gwyneth Jones ne se contente pas de s'enflammer face à son partenaire, elle veut brûler et chanter vrai.

«Jour après jour, je m'y prépare avec délectation. Pendant des heures je me détends dans la baignoire de l'hôtel en étudiant la partition. Toutes mes notes sont mouillées, mais elles continuent à me raconter toujours de nouvelles histoires. Musicalement, on n'en finit jamais avec une partition.»

Car Gwyneth Jones veut communiquer non seulement avec ses partenaires et son chef d'orchestre, mais aussi avec le public. Elle veut l'intégrer dans le processus artistique de la reproduction lyrique, et ceci coûte que coûte.

Klaus Geitel

Amelia · Ballo in Maschera · 1963 · Zürich

Eine einzigartige Sängerin, eine starke Bühnenpersönlichkeit, eine harte Arbeiterin, eine ganz tolle Kollegin – und eine Dame!
Liebe Gwyneth, ich wünsche Dir, Deiner Familie und Deinem Publikum noch viele schöne Jahre.

A unique singer, a strong stage personality, a hard worker, a superb colleague – and a lady!
Dear Gwyneth, I wish you, your family and your public many more wonderful years.

Une extraordinaire cantatrice, une forte personalité sur scène, une travailleuse acharnée, une formidable collègue – et une dame!
Chère Gwyneth, je te souhaite, à toi, ta famille et ton public, encore de nombreuses belles années,

AGNES BALTSA

You have to take your hat off to her: She is probably the gutsiest, most fearless soprano around today. But she remains one of the most powerful performers precisely because she is not just a belter, she can still arrest the ear with beautiful piani. On the right night, Dame Gwyneth Jones is the most exciting singer in the world.

Man muß den Hut vor ihr ziehen: Sie ist wahrscheinlich die gehaltvollste, furchtloseste Sopranistin, die es heute gibt. Aber sie bleibt auch eine der stärksten Darstellerinnen, gerade weil sie nicht einfach nur lautstark ist, sie betört das Ohr immer noch mit den schönsten Piani. Am richtigen Abend ist Gwyneth Jones die aufregendste Sängerin der Welt.

Il faut lui tirer notre chapeau: elle est probablement, aujourd'hui, la soprano la plus courageuse et la plus percutante. Mais elle demeure l'une des plus puissantes artistes justement parce qu'elle n'est pas uniquement une forte voix. Elle est capable d'accrocher l'oreille avec de magnifiques piani. Certaines nuits, Dame Gwyneth Jones est la cantatrice la plus passionnante au monde.

HUGH CANNING

Lady Macbeth · Macbeth · 1966 · Dallas

Für mich ist das Beeindruckendste an dieser großartigen Sängerin ihre Menschlichkeit. Gwyneth Jones begegnet ihrer Umgebung, ihren Mitmenschen mit Offenheit und Liebenswürdigkeit. Herzenswärme, Optimismus, Fröhlichkeit und Lachen sind Attribute, die untrennbar mit Gwyneth Jones verbunden sind. Gwyneth Jones ist und bleibt immer Gwyneth Jones, in ihrer künstlerischen Arbeit wie auch als Privatperson.

Unvergessen werden mir jene bewegenden Momente bleiben, als ich miterleben konnte, wie die Menschen Gwyneth Jones in ihrer Heimat, in Wales, entgegenkamen. Gwyneth war nach Newport gereist, um bei der Gedenkfeier für Dorothy Adams-Jeremiah zu singen. Dorothy Adams-Jeremiah war jene Persönlichkeit, die das Talent von Gwyneth entdeckt und gefördert hatte. Tiefe Zuneigung und Verehrung, aber auch Stolz der walisischen Bevölkerung auf Gwyneth als eine der ihren waren zu spüren. Da wünschte ich: Wenn die Waliser doch einmal miterleben könnten, wie »ihre« Gwyneth an den großen Opernhäusern der Welt gefeiert wird, und wenn doch ihr internationales Publikum einmal sehen könnte, wie man Gwyneth Jones in ihrer Heimat begegnet und verehrt. Ich wurde auf eine alte Dame aufmerksam, die – Gwyneth Jones nachblickend – halblaut, mehr zu sich selbst, vor sich hinsagte: »She never lost her natural charm.«

What impresses me most about this great singer is her humanity. Gwyneth Jones treats her surroundings and her fellow human beings with absolute frankness and amiability. Warm-heartedness, optimism, joy and laughter are attributes inseparably bonded to Gwyneth Jones. Gwyneth Jones is und always will be – Gwyneth Jones, in her artistic work and in her private life.

Those touching moments will remain with me forever when I was with her in her native Wales and saw how the people came towards her. Gwyneth had travelled to Newport to sing at the memorial service for Dorothy Adams-Jeremiah. Dorothy Adams-Jeremiah was the person who had discovered and furthered Gwyneth's talent. The Welsh people's deep affection and adoration – mingled with not a little pride that Gwyneth was one of them – was so overwhelming that I thought to myself: "If only the Welsh could see how Gwyneth is celebrated in the world's great opera houses – and if only her international public could see how Gwyneth is treated and revered in her home country!"

I couldn't help noticing an old lady who – gazing after Gwyneth Jones – muttered in an undertone more to herself than to anyone else, "She never lost her natural charm."

Ce qui m'impressionne personnellement le plus dans cette magnifique cantatrice, c'est son humanité. C'est avec un esprit ouvert et avec amabilité, que Gwyneth Jones va à la rencontre de son entourage et d'autrui. Chaleur, optimisme, gaieté et rire sont autant d'attributs inséparablement liés à Gwyneth Jones. Gwyneth Jones est et demeure toujours Gwyneth Jones, tant dans son travail artistique qu'en tant que personne.

Ils resteront gravés dans ma mémoire, ces moments émouvants lorsque Gwyneth Jones rencontra ses compatriotes dans son Pays de Galles natal. Gwyneth était partie pour Newport afin de participer à la commémoration de Dorothy Adams-Jeremiah. Dorothy Adams-Jeremiah fut la personnalité qui avait découvert et promu le talent de Gwyneth. On sentait la profonde sympathie, l'admiration, mais aussi l'orgueil du peuple de Galles à l'égard de Gwyneth, une des leurs. C'est là que j'ai souhaité: Si seulement les Gallois pouvaient vivre comment l'on célèbre «leur» Gwyneth dans les grands théâtres du monde, et si seulement son public international pouvait voir une fois comment l'on accueille et adore Gwyneth Jones dans son pays. Je me souviens bien d'une dame âgée qui, regardant Gwyneth Jones partir, murmura discrètement pour elle-même: «She never lost her natural charm.»

CHRISTIANA BAUMANN

Octavian · Der Rosenkavalier · 1964 · Manchester

Einen Höhepunkt in meinen bisherigen *Fidelio*-Erinnerungen aber bildete jener Abend im historischen Theater an der Wien im Beethoven-Jahr 1970. Die Ausmaße dieser getreu restaurierten Bühne, an der im Jahre 1805 die Uraufführung der Leonore stattgefunden hatte, waren ideal zu nennen, genau wie die Akustik. Die oft zu großen Dimensionen renommierter Bühnen, auf denen der Bruch zwischen Singspiel und heroischem Drama zum Zwang wird, gab es hier nicht. Das lag natürlich auch an der realistischen Inszenierung Otto Schenks. Was aber alle Mitwirkenden und das Publikum mitriß, war das ungeheure Engagement Leonard Bernsteins an diesem Abend. Als das Publikum nach dem C-Dur-Finale mit einem Aufschrei dankte, brach die Leonore Gwyneth Jones in Tränen aus. Man spürte, daß etwas Besonderes geschehen war. Die Jones, eine oft von mir erwähnte und geliebte Partnerin als Senta, Salome und Brünnhilde, sang die Titelpartie mit einer von mir bis dahin noch nie erlebten Inbrunst und Passion. Als sie mir im Kerker mit in höchster Not gezückter Pistole gegenüberstand, blickte sie mich in einer derart verzweifelten Erregung an, daß ich mich für Sekunden bei dem bangen Gedanken erwischte, die Pistole sei doch hoffentlich nicht geladen. Sie atmete so heftig, daß ich glaubte, sie hätte mich in ihrer Intensität erschossen! Es war eine so vollkommene Identifizierung mit der Rolle, daß man annahm, das Schicksal Leonores sei ihr eigenes.

That evening in the historic Theater an der Wien, during the Beethoven year of 1970, was the highlight of all my *Fidelio* memories. The dimensions of this faithfully restored stage, on which in 1805 the world premiere of Leonore had taken place, were absolutely ideal, as were the acoustics. The overlarge size of many renowned stages (on which the division between Singspiel and heroic drama becomes a problem) was in no way evident here. Obviously, this was also due to Otto Schenk's realistic direction. What really moved all those taking part as well as the audience on this evening, though, was Leonard Bernstein's tremendous dedication. When the public responded with one great outcry after the C Major Finale, Leonore Gwyneth Jones broke down in tears. One felt immediately that something very special had happened. Jones, an often mentioned and beloved partner of mine as Senta, Salome and Brünnhilde, sang the title role with an ardour and passion such as I had never experienced until then. As she stood opposite me in the dungeon scene with a pistol pointed at me in desperation, for one fleeting moment I caught myself thinking hopefully that the pistol was not loaded. She was breathing so heavily that I believed she really had shot me in all her intense emotions! It was such a total identification with the role that one assumed Leonore's destiny was her very own.

Mais l'apogée de mes souvenirs de *Fidelio* fut cette soirée durant l'année Beethoven 1970, en ce lieu historique qu'est le Theater an der Wien. Les dimensions de cette scène fidèlement restaurée, où en 1805 eut lieu la première de Leonore, pouvaient être considérées comme idéales, tout comme l'acoustique. Ici, le problème lié aux dimensions souvent trop grandes des scènes réjutées, et qui provoque inévitablement la rupture entre opérette et drame héroïque, n'existe pas. La mise en scène réaliste d'Otto Schenk n'y fut bien entendu pas étrangère. Mais ce qui bouleversa tous les participants ainsi que le public fut l'extraordinaire engagement de Leonard Bernstein ce soir-là. Le cri de reconnaissance du public après le final en do majeur fit fondre en larmes «la Leonore» Gwyneth Jones. On sentait que quelque chose d'exceptionnel venait de se passer. Jones, une partenaire que je mentionne si souvent et que j'apprécie dans les rôles de Senta, Salomé ou Brünnhilde, chanta la pièce-maîtresse avec une ferveur et une passion que je n'avais jamais vécu jusque-là. Lorsqu'elle m'affronta dans le cachot, ayant, dans la plus grande détresse, tiré le pistolet, elle me fixa d'un regard passionné et si désespéré que je tremblai quelques secondes à l'effrayante idée que le pistolet soit chargé. Elle respira si intensément que je crus qu'elle m'aurait abattu dans son ardeur! Une identification totale avec son rôle, au point de croire que le sort de Leonore fut le sien.

Theo Adam

Leonore · Fidelio · 1964 · London

Ich erinnere mich neben vielem anderen vor allem an ihre Leonore im Theater an der Wien unter Bernstein. Ich habe eine ähnliche Intensität wie im Kerker Florestans, wo sie mit geradezu überwältigender Hilflosigkeit sich vor ihren Florestan stellte und zum ersten Mal einen Menschen mit einer Pistole bedrohte, nie erlebt. Ihre hinreißende Stimme war nicht durch irgendeine merkbare Technik getrübt, ihr Singen war gestützt durch ein gebrochenes Herz und strahlte jubelnd durch das ganze Haus. Das Singen von Gwyneth war in diesem Augenblick die natürlichste Form, menschliche Leidenschaft auszudrücken. Oper war plötzlich Leben – und Leben wurde zur Oper. Im letzten Akt gelang ihr eine Variation von menschlicher Rührung und Freude, die dieses ganze Finale von *Fidelio* durchzog. Sie steckte ihren Partner, den Dirigenten, den hinreißenden Wiener Opernchor dermaßen an, daß das ganze Ensemble und alle Beteiligten, von Leonard Bernstein gar nicht zu reden, am Ende der Vorstellung echte Tränen in den Augen hatten. Ich habe eine ähnliche Premiere nie wieder erlebt. Ich danke Dir, Gwyneth!

Of her very many roles, I remember her best of all as Leonore at the Theater an der Wien under Bernstein's baton. I have never experienced such intensity as when she stood in front of her Florestan in his dungeon and with overwhelming helplessness for the first time threatened a human being with a pistol. Her ravishing voice was unclouded by any perceivable technique, her singing was supported by a broken heart and shone imploringly through the whole house. At that moment Gwyneth's singing was the most natural way that human compassion could be expressed. Opera was suddenly life – and life was suddenly opera. In the last act she succeeded in conveying a variation of human emotion and joy which pervaded the whole finale of this *Fidelio.* She infected her partners, the conductor, the ravishing Viennese Opera Chorus, the whole ensemble so much so, that all involved – to say nothing of Leonard Bernstein – had real tears in their eyes at the end of the performance. I never again experienced a similar premiere. I thank you, Gwyneth!

Je me souviens notamment de sa Leonore au Theater an der Wien sous la direction de Bernstein. Je n'ai jamais vu pareille intensité qu'au cachot de Florestan où elle se mit face à son Florestan dans une détresse presque bouleversante, menaçant pour la première fois un homme avec un pistolet. Aucune prouesse technique ne troubla sa voix chaleureuse, son chant fut supporté par un cœur brisé et rayonna joyeusement dans toute la salle. Le chant de Gwyneth fut, à cet instant, la manière la plus naturelle d'exprimer la passion humaine. L'opéra fut soudain la vie et la vie l'opéra. Au dernier acte, elle composa une variation sur l'émotion humaine et la joie qui imprégna tout le grand final de *Fidelio.* Elle entraîna son partenaire, le chef d'orchestre ainsi que le ravissant chœur de l'Opéra de Vienne si bien que tout l'ensemble et tous les participants, sans parler de Leonard Bernstein, eurent véritablement les larmes aux yeux à la fin de la représentation. Je n'ai jamais revu une pareille première. Je te remercie, Gwyneth!

Otto Schenk

Leonore · Fidelio · 1970 · Wien

Leonore · Fidelio · 1969 · Berlin (James King) · Produktion Gustav R. Sellner

You've got to follow your destiny or you'll be earthbound for ever and never get to paradise where everybody sings for eternity.

Man muß seinem Schicksal folgen, oder man wird immer erdgebunden bleiben und das Paradies nie erreichen, wo alle für die Ewigkeit singen.

On doit suivre son destin ou demeurer rivé au sol pour toujours et ne jamais atteindre le paradis où chacun chante pour l'éternité.

GWYNETH JONES

My first encounter with Gwyneth Jones was in 1964, when Sir David Webster and Lord Harewood asked me to listen to a young singer who was auditioning at the Royal Opera House, Covent Garden.

It was immediately apparent that this young singer, Gwyneth Jones, was immensely talented, so I suggested that she should go to Rome and study the Italian repertoire with the famous vocal coach, Maestro Ricci.

During her study period in Rome, I had very encouraging reports on her development from Maestro Ricci so, when I was told by Sir David Webster that Leontyne Price had been obliged to withdraw from the cast of the new production of *Il Trovatore* planned for Covent Garden in 1964, I immediately suggested that Gwyneth Jones should be asked to sing the role of Leonora for Sir David, the producer Luchino Visconti and myself. I shall never forget how, on hearing her sing the opening bars of "Tacea la notte," Visconti jumped to his feet with excitement, and the role of Leonora was her's.

In addition to the performances of *Il Trovatore* at Covent Garden, I also had the pleasure of having Gwyneth Jones as soprano soloist in concert performances of the Verdi Requiem.

I congratulate Gwyneth Jones on her many fine achievements in opera houses and concert halls throughout the world.

Mein erstes Zusammentreffen mit Gwyneth Jones fand 1964 statt, als mich Sir David Webster und Lord Harewood baten, mir eine junge Sängerin anzuhören, die an der Royal Opera Covent Garden vorsang.

Es war sofort klar, daß diese junge Sängerin, Gwyneth Jones, enorm begabt war, und ich schlug deshalb vor, sie solle in Rom bei dem berühmten Korrepetitor Maestro Ricci das italienische Fach studieren.

Während ihres Studienaufenthaltes in Rom schilderte mir Maestro Ricci ihre Entwicklung höchst optimistisch, so daß ich, als mir Sir David Webster erzählte, Leontyne Price habe sich von der Besetzung der Neuinszenierung des *Trovatore,* die Covent Garden für 1964 plante, zurückziehen müssen, sofort vorschlug, Gwyneth Jones solle die Partie der Leonora Sir David, dem Produzenten Luchino Visconti und mir vorsingen. Ich werde nie vergessen, wie Visconti, als er sie die ersten Takte von »Tacea la notte« singen hörte, auf die Füße sprang vor Aufregung, und die Rolle der Leonora gehörte ihr.

Außer bei den Auftritten in Covent Garden im *Trovatore* hatte ich auch das Vergnügen, Gwyneth Jones als Sopransolistin in Konzertaufführungen von Verdis Requiem zu haben.

Ich gratuliere Gwyneth Jones zu ihren vielen hervorragenden Leistungen in Opernhäusern und Konzertsälen auf der ganzen Welt.

Ma première rencontre avec Gwyneth Jones eut lieu en 1964, quand Sir David Webster et Lord Harewood me demandèrent d'écouter une jeune cantatrice qui auditionnait au Royal Opera House de Covent Garden.

Il apparut immédiatement que cette jeune cantatrice, Gwyneth Jones, avait un talent immense. Aussi, suggérais-je qu'elle se rende à Rome pour y étudier le répertoire italien auprès du célèbre maître vocal, Maestro Ricci.

Durant sa période d'étude à Rome, je recevais, de la part de Maestro Ricci, des compte-rendus très encourageants de ses progrès. Aussi, quand Sir David Webster m'annonça que Leontyne Price avait été contrainte de se retirer de la distribution de la nouvelle mise en scène du *Trouvère* prévue pour Covent Garden, en 1964, je suggérais aussitôt qu'il fallait proposer à Gwyneth Jones de chanter le rôle de Leonore; et ceci dans l'intérêt de Sir David, du metteur en scène Luchino Visconti et de moi-même. Je ne pourrais jamais oublier comment, en l'entendant chanter les premières mesures de «Tacea la notte», Visconti, fasciné, bondit sur ses pieds; le rôle de Leonore était sien.

Outre les représentations du *Trouvère* à Covent Garden, j'eus également le plaisir d'avoir Gwyneth Jones comme soprano soliste dans des concerts du Requiem de Verdi.

Je félicite Gwyneth Jones pour ses nombreuses et belles réussites dans les salles d'opéra et de concert à travers le monde.

C. M. Giulini

Leonora · Il Trovatore · 1964 · London

Dame Gwyneth Jones's career is inextricably linked to the history of the Royal Opera. Many of her finest interpretations have been with the Company and it was an enormous pleasure for us to welcome her to Covent Garden last September to sing Turandot (one of her greatest roles) in celebration of the 25th anniversary of her debut with the Royal Opera.

On a personal note, it was most appropriate that such a dinstinguished member of my new artistic "family" should have been able to take part in my farewell concert with my old "family" the Royal Amsterdam Concertgebouw Orchestra, as Dame Gwyneth did in Mahler's Eighth Symphony in 1988. We will be working together very closely in the next few years as we build a new *Ring* cycle at Covent Garden in which Dame Gwyneth sings Brünnhilde. My admiration for this great artist is immense and the intensity which she gives to each performance is unique. I am looking forward enormously to our collaboration on *The Ring* and many more operas in the future.

Dame Gwyneth Jones' Karriere ist untrennbar mit der Geschichte der Royal Opera verbunden. Viele ihrer besten Rollen gab sie in diesem Haus, und es war uns eine große Freude, sie letzten September im Covent Garden begrüßen zu dürfen, wo sie die Turandot (eine ihrer besten Rollen) zur Feier ihres 25-Jahre-Jubiläums an der Royal Opera sang.

Auf einer mehr persönlichen Ebene fand ich es höchst passend, daß ein so hervorragendes Mitglied meiner neuen »Künstlerfamilie« wie Dame Gwyneth Jones 1988 an meinem Abschiedskonzert von meiner alten »Familie«, dem Royal Amsterdam Concertgebouw Orchestra, teilnehmen konnte (Mahlers 8. Sinfonie). Wir werden auch in den kommenden Jahren eng zusammenarbeiten, da wir einen neuen *Ring*-Zyklus am Covent Garden vorbereiten, mit Dame Gwyneth als Brünnhilde. Meine Bewunderung für diese Künstlerin ist grenzenlos, und die Intensität, die sie jeder Aufführung gibt, ist einmalig. Ich freue mich sehr auf unsere Zusammenarbeit beim *Ring* und bei vielen weiteren Opern.

La carrière de Dame Gwyneth Jones est inextricablement liée à l'histoire du Royal Opera. C'est au sein de la Troupe qu'elle donna quelques-unes de ses meilleures interprétations et, pour nous, ce fut un immense plaisir de l'accueillir, en septembre dernier, à Covent Garden, pour chanter Turandot (un de ses plus grands rôles) à l'occasion du 25e anniversaire de ses débuts avec le Royal Opera.

Sur un plan personnel, je me devais de faire participer un membre aussi distingué de ma nouvelle «famille» artistique à mon concert d'adieu d'avec mon ancienne «famille», le Royal Amsterdam Concertgebouw Orchestra, comme ce fut le cas, en 1988, avec Dame Gwyneth, dans la VIIIe Symphonie de Mahler. Durant ces prochaines années, nous travaillerons souvent et intensément ensemble, puisque nous montons un nouveau cycle de *l'Anneau* à Covent Garden, dans lequel Dame Gwyneth chante Brunehilde. Mon admiration pour cette grande artiste est immense et l'intensité qu'elle offre à chaque spectacle est unique. Je me réjouis énormément de notre collaboration sur *l'Anneau* ainsi que de beaucoup d'autres opéras dans le futur.

BERNARD HAITINK

Dame Gwyneth Jones is that *rara avis,* an accomplished lyric artist and a colleague with an ebullient sense of humor. I have infinite respect for her high level of professional discipline and artistic integrity, with the extra added attraction, when the occasion demands (and often when you least expect it) of a hearty laugh.

Santuzza · Cavalleria Rusticana · 1988 · München

Santuzza · Cavalleria Rusticana · 1965 · London

Dame Gwyneth Jones ist diese *rara avis,* eine vollendete Sängerin und eine Kollegin mit einem überbordenden Sinn für Humor. Ich habe grenzenlose Hochachtung für ihre professionelle Disziplin und künstlerische Integrität; was ihr zusätzliche Attraktivität verleiht, ist ihr herzhaftes Lachen in Situationen, in denen man es am wenigsten erwartet hätte.

Dame Gwyneth Jones est cette *rara avis,* une artiste lyrique accomplie et une collègue dotée d'un bouillonnant sens de l'humour. J'éprouve un respect infini pour sa grande discipline professionnelle et pour son intégrité artistique; avec l'attrait supplémentaire, quand l'occasion le réclame (et souvent quand on s'y attend le moins), d'un rire chaleureux.

Astrid Várnay

Perhaps I am too much under the spell of Gwyneth Jones, with her often perfect tranquillities, the hush and ease of her phrasing, and above all the surging glory of a voice "broad as ten thousand beeves at pasture," for complete satisfaction with any other dramatic soprano to be possible for me... Let me say another word about Gwyneth. I have quoted Meredith to suggest the sweep of her voice. But poetry is contagious: and I shall now call in Keats to suggest the quality of her phrasing whenever, as in "Ah, perfido," it is at its best. "(She turns) the key deftly in the oiled wards": this is the line I am thinking of. And what an actress she is becoming! As she waited in *Walküre* at Covent Garden last summer for Siegmund, hand on hilt, to wrest Nothung from the tree, there was a trembling excitement about her that moved me intensely. One of her great predecessors as Sieglinde, Lotte Lehmann I think, used to fall on her knees at that moment, and this, in my impressionable youth, would make me bring out my handkerchief: but Gwyneth's stance, in its girlishness, its naif sincerity, its feeling as of a virgin on the threshold of love, was somehow truer than the other's adoration. None of which has anything to do with the matter in hand; but the Keats is lovely, Gwyneth is lovely, and who cares about relevance anyhow? So I shall go further, and seize the opportunity of proclaiming that this girl, provided only she refrains from misusing her powers, will end by ranking with the divas of history.

Vielleicht bin ich zu sehr im Bann von Gwyneth Jones, mit ihrer oft vollkommenen Ruhe, der Stille und der Leichtigkeit ihrer Phrasierung und vor allem dem aufsteigenden Strahlen einer Stimme »breit wie zehntausend Rinder auf einer Weide«, als daß mich eine andere dramatische Sopranistin noch vollständig zufriedenstellen könnte... Lassen Sie mich noch etwas anderes über Gwyneth sagen. Ich habe Meredith zitiert, um den Umfang ihrer Stimme zu illustrieren. Doch Poesie ist ansteckend, und ich will nun Keats beiziehen, um die Qualität ihrer Phrasierung, wenn diese wie in »Ah, perfido« vollendet ist, zu illustrieren: »(Sie dreht) den Schlüssel gewandt in dem geölten Schloss.« Dies ist der Vers, den ich meine. Und was für eine Schauspielerin sie geworden ist! Als sie letzten Sommer in der *Walküre* in Covent Garden wartete, bis Siegmund, die Hand am Griff, Nothung aus dem Baum ziehen würde, umgab sie eine zitternde Erregung, die mich tief bewegt hat. Eine ihrer großen Vorgängerinnen als Sieglinde, ich glaube, es war Lotte Lehmann, fiel in diesem Augenblick jeweils auf die Knie, und dies ließ mich in meiner empfindsamen Jugend das Taschentuch hervorziehen. Aber Gwyneths Haltung, in ihrer Mädchenhaftigkeit, ihrer naiven Aufrichtigkeit, als wäre sie eine Jungfrau auf der Schwelle zur Liebe, war in ihrer Art wahrer als die Bewunderung der anderen. Das alles hat nichts mit dem Thema zu tun; aber Keats' Vers ist liebenswert, Gwyneth ist liebenswert, und wen interessiert schon Relevanz? So gehe ich einen Schritt weiter und nehme die Gelegenheit wahr, zu erklären, daß diese Frau, vorausgesetzt, sie mißbraucht ihre Kräfte nicht, ihren Platz neben den großen Divas der Geschichte finden wird.

Peut-être suis-je trop sous le charme de Gwyneth Jones, avec sa tranquillité souvent parfaite, avec le calme et la facilité de son phrasé et, par dessus tout, avec toute la gloire débordante d'une voix «large comme dix milles bœufs au pâturage», pour pouvoir me satisfaire complètement de n'importe quel autre soprano dramatique... Laissez-moi dire encore un mot à propos de Gwyneth. J'ai cité Meredith pour suggérer la portée de sa voix. Mais la poésie est contagieuse: et je vais devoir, maintenant, faire appel à Keats pour évoquer la qualité de son phrasé qui est toujours, comme dans «Ah, perfido», à son sommet. «(Elle tourne) avec adresse, la clé dans des serrures aux mécanismes bien huilés»: Voilà la ligne à laquelle je pense.

Et quelle actrice n'est-elle pas devenue! L'été dernier, à Covent Garden, lorsque, dans la *Walkyrie,* les poings serrés, elle attendait Siegmund pour arracher Nothung de l'arbre, l'émoi tremblant qui émanait d'elle me remua intensément. Une de ses illustres précurseuses dans le rôle de Sieglinde, Lotte Lehmann je crois, avais coutume de tomber sur les genous à cet instant, et ceci, dans mon impressionnable jeunesse, m'obligeait à sortir mon mouchoir: mais la posture de Gwyneth, dans sa jouvance, dans sa naïve sincérité, dans cette évocation d'une vièrge au seuil de l'amour, était, d'une certaine manière, plus vrai que l'adoration de la précédente. Rien de tout cela n'a de rapport avec le sujet qui nous occupe; mais Keats est charmant, Gwyneth est charmante et, après tout, qui se préoccupe de pertinence?

Ainsi je vais aller plus loin et saisir l'occasion pour proclamer que cette fille, à condition qu'elle se retienne d'abuser de ses pouvoirs, finira au panthéon des divas de l'histoire.

Sir Victor Gollancz

Sieglinde · Die Walküre · 1965 · London

Gestern – im Gedränge der vielen Leute – konnte ich Ihnen gar nicht so recht sagen, welche ganz große Freude Sie mir und uns mit dieser Senta bereitet haben. Sie sind eine der ganz wenigen großen Sängerinnen, die Innigkeit mit stimmlichem Gestaltungsvermögen so zu verbinden wissen, daß ein Schicksal vermittelt wird, das den Menschen in seiner Glaubens- und Leidenskraft wieder aufwertet – und zwar mit Mitteln der Kunst, der Bühne. Das war's eigentlich, warum wir – ich jedenfalls – diesen Beruf gewählt haben, und was immer mehr in Vergessenheit gerät.

Nochmals ganz besonderen Dank – und kommen Sie bald wieder!

Yesterday, in the crush of so many people – I had no chance to tell you properly what great pleasure you have given me, and all of us, with this Senta. You are one of the very few great singers who can combine tenderness with voice control in such a way as to convey a destiny; that the human individual, in his power of belief and passion, is upgraded – and this is done through art and the stage. This is the reason why we – I in any case – have chosen this profession – and it is something that seems to be forgotten more and more.

Once again very special thanks – and please come back soon.

Hier, dans la bousculade, je n'ai même pas pu vraiment vous exprimer la très grande joie que vous nous avez procurée avec cette Senta. Vous êtes une de ces très rares et grandes cantatrices à savoir lier l'intimité à l'expressivité vocale de telle manière qu'un destin est communiqué, revalorisant l'homme dans sa force de croire et de souffrir et ce par les moyens de l'art, de la scène. Voilà pourquoi nous, en tout cas moi, avons choisi ce métier, et c'est ce que l'on tend à oublier.

Encore un merci tout particulier – et revenez bientôt.

Günther Rennert

Sieglinde, alles riskierend und viel gewinnend: Gwyneth Jones ... war keine von Anfang an brünstig Verliebte, sondern Gwyneth Jones gestaltete beeindruckend die Verwirrung der Gefühle, die kindliche Unbedingtheit, aber auch den Ausbruch einer stets Gedemütigten.

Sieglinde, risking everything and gaining much: Gwyneth Jones ... was never from the beginning ardently in love, but she developed the impressive confusion of feelings, the childish implicitness, and also the outburst of one who is continually humiliated.

Sieglinde risque tout et gagne beaucoup: d'emblée Gwyneth Jones ... ne fut pas une ardente amoureuse. Mais Gwyneth Jones modela de manière impressionnante la confusion des sentiments, l'absolutisme infantile et, également, l'éclatement de celle qui toujours est humiliée.

Joachim Kaiser

Senta · Der Fliegende Holländer · 1966 · London

Nach dem überwältigenden Erlebnis des Chéreau-*Ringes* in Bayreuth mit Gwyneth Jones als Brünnhilde entstand bei mir der große Wunsch, einmal mit dieser wunderbaren Künstlerin arbeiten zu dürfen.

Leider blieb es bis zum heutigen Tage bei diesem bloßen Wunschdenken – es gelang uns noch nicht, in einer Produktion zusammenzuarbeiten.

Ich hatte aber das Glück, Gwyneth Jones zu bewundern, als sie in Bayreuth in meiner dortigen *Holländer*-Inszenierung kurzfristig die Senta zu übernehmen hatte. Dort habe ich ihre unglaubliche Bühnenpräsenz in einer ihr doch immerhin fremden Inszenierung, in die sie mit wenigen Proben einstieg, kennengelernt. Ich war fasziniert, wie rasch sie sich einarbeitete, das Konzept hundertprozentig erfüllte und darüber hinaus, ihr ureigenstes Ich einbringend, dieser Figur ein ganz individuelles Profil gegeben hat.

Ich werde diese Bayreuther Eindrücke nie vergessen und hoffe nur, daß wir doch irgendwann und irgendwo in einer Neuproduktion zusammenkommen können.

After the overwhelming experience of the Chéreau *Ring* at Bayreuth with Gwyneth Jones as Brünnhilde a great desire took hold of me to work some day with this wonderful artist.

Unfortunately it has only remained a desire to this day because we have still not had the opportunity of working together in a production.

But I had the good fortune to admire Gwyneth Jones when, at short notice, she took over the part of Senta in my *Flying Dutchman* production in Bayreuth. On this occasion I got to know her unbelievable stage presence in a production unknown to her and one which she mastered with very few rehearsals. I was fascinated to see how quickly she adapted herself, fulfilling the concept one hundred percent, and how she brought in her own personality – thus giving this character an entirely individual profile.

I shall never forget these Bayreuth impressions, and I trust that some day, somewhere, we will be able to meet for a new production.

Après la bouleversante expérience du *Ring* de Chéreau à Bayreuth, avec Gwyneth Jones dans le rôle de Brunehilde, nacquit en moi le grand désir de pouvoir travailler une fois avec cette merveilleuse artiste.

Malheureusement, à ce jour, ce désir ne s'est toujours pas réalisé – nous n'avons pas encore réussi à collaborer dans une production.

Mais j'ai eu la chance d'admirer Gwyneth Jones lorsqu'elle dut reprendre au pied levé la Senta à Bayreuth dans ma mise en scène du *Vaisseau fantôme*. C'est là que j'ai connu son incroyable présence scénique, dans une mise en scène qui lui était étrangère et dans laquelle elle est entrée après peu de répétitions. J'étais fasciné par sa rapide intégration, par sa manière de réaliser le concept à cent pour-cent et par le profil tout à fait individuel qu'elle a su donner à cette figure en y apportant, de surcroît, le plus profond d'elle-même.

Je n'oublierai jamais ces impressions de Bayreuth et j'espère seulement que nous nous rencontrerons, un jour et quelque part, dans une nouvelle production.

Harry Kupfer

Senta · Der Fliegende Holländer · 1982 · Bayreuth

Schön, daß man über Dich ein Buch schreibt, liebe Gwyneth, und ich will dazu beitragen. Aber selten klingt und singt und psalmodiert ein Buch, und ein Buch über Dich darf nicht trocken sein. Du bist ein Schalk, ein blitzender Irrwisch mit sehr ordentlichen Zügen. Weißt Du, warum ich Dich so mag? Die schöne Stimme sollen andere preisen – die setze ich voraus. Ich mag Deinen Probenfanatismus, ich mag Deinen Willen, Dich nicht nur über Deine Stimme, sondern über Deinen ganzen Körper auszudrücken. Ich mag Deine genaue Lust, eine Szene neu und anders zu gestalten, als alle Kolleginnen es vorher taten. Ich mag Deine Eitelkeit, Deinen Stolz und vor allem Deine Fähigkeit, dem Regisseur zuzuhören und seine Gedanken umzusetzen. Wir haben in vielen Städten dieser Welt zusammengearbeitet. Du hattest immer Deinen eigenen Willen *und* die Fähigkeit, Dich überzeugen zu lassen. Eigensinnig bist Du – was haben wir an Salomes Tanz gearbeitet – und Gott sei Dank auch eigensinnlich. In Bayreuth haben wir zusammen angefangen – kein schlechter Platz fürs Anfangen.

Du bist ja schon im »Himmeli«, und wir werden oft durch Dich dorthin versetzt. Aber auch in der Hölle würde ich mit Dir arbeiten: »Senta, Du bist die einzige in dieser realistischen Daland-Welt, die begreift, daß etwas Numinoses auf sie zukommt; sieh es, begreif es, begreif es nicht, staune, wisse, weine, lache. Sei ganz natürlich – nein, reiß die Augen nicht zu weit auf – siehst Du, so einfach ist das – also sing jetzt.«

Und das bitte noch lange.

It is beautiful that they are writing a book about you, dear Gwyneth, and I should like to contribute to it. But seldom can a book sound and sing and psalmodize, and a book about you must never be dry. You are a wit, a flashing will-o'-the-wisp with very orderly features. Do you know why I am so fond of you? Others shall praise your beautiful voice – this I take for granted. But for me it is your fanaticism at rehearsals that I admire so much. I like your will to express yourself, not only through your voice but with your whole body. I like your absolute delight in arranging a scene anew – and differently to all your colleagues before you. I love your vanity. Your pride. And above all your ability to listen to your director and to translate his thoughts. We have worked together in very many cities. You always had your own will *and* the ability to let yourself be persuaded. You are stubborn – how we worked on Salome's dance! – but thank God you have also your own sensuality. We started to work together at Bayreuth – not a bad place to begin.

You already live in "Himmeli" ["Little Heaven"] and we are often transported there by you. But I would also work with you in hell: "Senta, you are the only one in this realistic Daland world who understands that something numinous is approaching her. Look at it, understand it, don't understand it, be surprised, know it, cry, laugh. Be very natural – no, don't open your eyes too wide. See? It's so simple – now just sing."

And please, do so for a long time to come.

C'est beau que l'on te consacre un livre, chère Gwyneth, et je voudrais y contribuer. Mais rarement un livre n'a le pouvoir de sonner, de chanter, de psalmodier, et un livre sur toi ne devrait être sec. Tu es espiègle. Un farfadet foudroyant aux traits ordonnés. Sais-tu pourquoi je t'adore? Laissons aux autres le soin de vanter ta belle voix – pour moi, cela va de soi. J'aime ton fanatisme des répétitions, j'aime ta volonté de t'exprimer, non seulement à travers ta voix, mais à travers tout ton corps. J'aime ton envie précise d'une mise en scène nouvelle et différente de toutes celles que tes collègues ont jouées avant toi. J'aime ta vanité, ton orgueil et, avant tout, ta capacité d'écouter ton metteur en scène et de réaliser ses idées. Nous avons collaboré dans de nombreuses cités de ce monde. Tu as toujours eu ta volonté à toi *et* la capacité de te laisser convaincre. Tu as ta tête – que de travail sur la danse de Salomé! – et, Dieu merci, aussi ta sensualité. C'est à Bayreuth que nous avons débuté ensemble – pas mal pour commencer!

Tu es d'ores et déjà au Himmeli [petit ciel] et tu nous y emmènes si souvent. Mais même en enfer, je travaillerais avec toi: «Senta, tu es la seule dans le monde si réaliste de Daland à comprendre que quelque chose de numineux l'attend, vois-le, comprends-le, ne le comprends pas, sois étonnée, sache, pleure, ris. Sois toute naturelle – non, n'ouvre pas trop grand les yeux – vois-tu, c'est si simple – donc chante maintenant.»

Et, s'il te plaît, pour longtemps encore.

August Everding

Desdemona · Otello · 1966 · London

Gwyneth has the quality few stage personalities possess – that of captivating an audience through conviction rather than artifice, through sentiment rather than sentimentality, through passion rather than technique. A higher accolade to an artist cannot be given.
With affection and in admiration

Desdemona · Otello · 1968 · London (James McCracken)

Gwyneth besitzt etwas, was nur wenige Bühnenpersönlichkeiten besitzen: die Fähigkeit, ein Publikum nicht mit Künstlichkeit zu gewinnen, sondern durch Überzeugung, nicht mit Sentimentalität, sondern mit Gefühl, nicht mit Technik, sondern mit Leidenschaft. Ein höheres Lob kann man keinem Künstler geben.
Mit Zuneigung und Bewunderung

Gwyneth a la qualité que peu de personnalités de la scène possèdent – celle de captiver l'auditoire à travers la conviction plus que l'artifice, à travers les sentiments plus que la sentimentalité, à travers la passion plus que la technique. Pour un artiste, il n'est pas de plus grande accolade.
Avec affection et admiration

Lorin Maazel

Gwyneth Jones – this at first lyrical and later increasingly power-ful voice has accompanied me throughout almost my entire singing career. The recordings of *Elijah* and *Otello*, Salome in Hamburg, for which she specially perfected the art of belly-dancing – unforgettable!

Gwyneth Jones – cette voix d'abord lyrique, puis toujours plus puissante, m'a accompagné durant pratiquement toute ma vie de chanteur. Les disques d'*Elie* et d'*Otello*, la Salomé à Hambourg où elle avait parfaitement étudié la danse du ventre – inoubliables!

Dietrich Fischer-Dieskau

Gwyneth Jones – diese zunächst lyrische, dann immer gewaltigere Stimme hat mich durch fast mein ganzes Sängerleben begleitet. Die Schallplatten des *Elias* und *Othello*, die Salome in Hamburg, zu der sie parfaitement Bauchtanzen studiert hatte – unvergeßlich!

Als ich Gwyneth Jones anläßlich eines *Don-Carlos*-Gastspiels, das sie mit der Covent Garden Opera im Münchner Nationaltheater gab, das erste Mal bewunderte, war sie schön wie ein Engel und sang auch so. Ihre Elisabeth war der pure Wohlklang, und ihre reine, mädchenhafte Ausstrahlung schlug uns alle in Bann. Die große Zukunft hatte längst begonnen!

Als ich dann später mit diesem Engel selber auf der Bühne stehen durfte und er u. a. auch meine geliebte Marschallin im *Rosenkavalier* wurde, entpuppte sich Gwyneth als eine sehr irdische, mit trockenem Humor gesegnete, schlagfertige, stets bestens gelaunte Kollegin, mit der man so manche Lachsalve loslassen und manches Pferd stehlen konnte.

Meiner Verehrung und Bewunderung tat das keinen Abbruch, im Gegenteil – die warmherzige Menschlichkeit, die große Disziplin dieser präzisen Arbeiterin, die immer ganz genau wußte, was sie wollte, und das auch unmißverständlich zu verstehen gab, beeindruckte mich immer wieder. Und neben der Begeisterung für diese großartige Künstlerin und Kollegin wuchsen Hochachtung und Respekt für eine Leistung, deren Konstanz und kontinuierliche, kraftvolle Entfaltung von Stimme und Persönlichkeit beispielhaft in unserer schnellebigen Zeit sind!

Gwyneth auf der Bühne zu erleben – ob als Publikum oder neben ihr stehend – wird immer ein künstlerisches Vergnügen für mich sein, für das ich ihr nicht genug Dank sagen kann.

The first time I admired Gwyneth Jones was on the occasion of a guest appearance in *Don Carlos* that she gave with the Covent Garden Opera at the Munich National Theatre. She was as beautiful as an angel – and sang like one too. Her Elisabeth was pure melodic perfection and her pure sylphlike radiance enraptured us all. The great future had long ago begun!

When later I had the opportunity of standing on the same stage with this angel and she became my beloved Marschallin in *Rosenkavalier*, Gwyneth emerged as a very down-to-earth wit, blessed with a dry humour, always in the best of moods – a colleague with whom one could share laughter and go through thick and thin!

My reverence and admiration never faltered. On the contrary, the warm-hearted humanity, the great discipline of this precise worker, who always knew exactly what she wanted – and also knew how to make it clearly understood, continued to impress me. And apart from the enthusiasm for this great artist and colleague my esteem and respect grew for an achievement, the consistency of which and the continually powerful unfolding of voice and personality, is exemplary in our fast fleeting time!

To experience Gwyneth on stage – as an audience or to stand next to her – will always be the greatest artistic pleasure for me – and something for which I cannot thank her enough.

Lorsque j'admirai Gwyneth Jones pour la première fois à l'occasion d'une représentation de *Don Carlos* qu'elle fit avec le Covent Garden Opera en tournée au Nationaltheater Munich, elle fut aussi belle et chanta bien qu'un ange. Son Elisabeth fut pure harmonie, et nous succombâmes tous à son charme vrai et virginal. Le grand avenir avait, depuis longtemps, déjà commencé!

Plus tard, quand je pus mois-même partager la scène avec cet ange, et qu'il devint, entre autres, ma si chère Maréchale du *Chevalier à la rose,* Gwyneth se révéla être une collègue très proche, bénie par un humour caustique, répondant du tac au tac, toujours de bonne humeur; une collègue avec qui partager des fous-rires, avec qui faire les quatre cents coups.

Mon adoration et mon admiration ne diminuèrent pas pour autant, au contraire: la chaleureuse humanité, la grande discipline de cette travailleuse précise qui a toujours su exactement ce qu'elle voulait et qui l'a aussi clairement fait comprendre, m'ont toujours impressionnée. Et à côté de l'enthousiasme pour cette formidable artiste et collègue grandirent la haute estime et le respect pour un travail dont la constance et l'épanouissement continu et énergique de la voix et de la personnalité sont exemplaires en ces temps éphémères.

Voir Gwyneth sur scène – comme spectateur ou à côté d'elle – demeurera toujours un plaisir artistique pour moi, et je ne peux l'en remercier assez.

Brigitte Fassbaender

Elisabetta · Don Carlo · 1966 · London

Gwyneth Jones, besides being beautiful to look at, is one of the sopranos most capable of adapting herself to the different characters she portrays. While in Vienna I heard her in *Il trovatore,* and I could hardly believe that I was seeing the same woman who had sung Elisabetta with me.

Gwyneth Jones sieht nicht nur wunderbar aus, sie gehört auch zu den Sängerinnen, die sich vollkommen in die dargestellte Person zu verwandeln vermögen. Als ich sie in Wien im *Trovatore* hörte, konnte ich kaum glauben, daß dies dieselbe Frau war, die neben mir die Elisabeth im *Don Carlos* gesungen hatte.

Gwyneth Jones a non seulement une apparence merveilleuse, mais elle est de ces cantatrices capables de s'identifier parfaitement au personnage joué. Lorsque je l'entendis, à Vienne, dans *Le Trouvère,* j'eus de la peine à croire qu'il s'agissait de la même femme qui avait chanté, à mes côtés, Elisabeth dans *Don Carlos.*

Plácido Domingo

I will always remember the joy and instant trust which I read in your eyes the moment we met. And your inspired devotion fed me nonstop every day.

You are an extraordinary artist. I am so lucky to share this experience with you. So often I am considering giving up and changing out of this frustrating and nonsense business of "art". Thank you for giving me the hope, the energy, the passion and the sense that there is meaning and purpose in it and I pray to God this is not the last time we are going to work together.

Ich werde nie die Freude und das spontane Vertrauen vergessen, die ich in dem Moment, als wir uns kennenlernten, in Deinen Augen las. Und Deine inspirierte Hingabe erfüllte mich ohne Unterbruch jeden Tag.

Du bist eine außergewöhnliche Künstlerin. Ich habe das Glück, diese Erfahrung mit Dir teilen zu dürfen. Oft erwäge ich, aufzugeben und aus diesem frustrierenden und absurden Geschäft der »Kunst« auszusteigen. Danke für die Hoffnung, die Du mir gibst, für die Energie, die Leidenschaft und das Gefühl, daß es einen Sinn und Zweck hat; und ich bete zu Gott, daß dies nicht das letzte Mal ist, daß wir zusammenarbeiten.

Je me souviendrai toujours de la joie et de la confiance immédiate que j'ai lues dans tes yeux dès l'instant où nous nous sommes rencontrés. Et chaque jour, je n'ai cessé de me nourrir de ta dévotion inspirée.

Tu es une artiste extraordinaire. C'est une telle chance de partager cette expérience avec toi. Il m'arrive si souvent d'envisager de laisser tomber et de m'éloigner du monde de «l'art» si insensé et frustrant.

Merci de me donner l'espoir, l'énergie, la passion et le sentiment qu'il renferme un sens et un but, et je prie le ciel que cette fois ne sera pas la dernière où nous travaillerons ensemble.

Andrei Serban

Elisabetta · Don Carlo · 1970 · Wien (Nicolai Ghiaurov)

Die seltene Harmonie, die man in der musikalischen Zusammenarbeit mit Künstlern hat, ist immer eine große Freude und Genugtuung.

Mit Gwyneth Jones hatte ich bei jeder Gelegenheit des gemeinsamen Musizierens dieses Empfinden.

Ich danke Ihnen, Gwyneth Jones, und wünsche Ihnen aus ganzem Herzen, daß Sie weiter glücklich bleiben.

The rare harmony which one has in the musical cooperation with artists always gives the greatest pleasure and satisfaction.

I have had this feeling every time I worked with Gwyneth Jones.

I thank you, Gwyneth Jones, and I wish you every happiness from the bottom of my heart.

Cette rare harmonie que l'on éprouve dans la collaboration musicale avec des artistes est toujours une grande joie et une grande satisfaction.

Avec Gwyneth Jones j'ai eu ce sentiment à chaque fois que nous avons fait de la musique ensemble.

Je vous remercie, Gwyneth Jones, et, de tout mon cœur, je vous souhaite de rester heureuse.

RAPHAEL KUBELIK

The Welsh identification patterns which may label her Gwyneth the Great, should also allow for the equally truthful Jones the Generous. Those of us privileged to know her personally can understand that this generosity, universally admired in her singing, is there the public manifestation of her whole personality. Gwyneth *is* generosity. She is one of the world's great givers, to her family, to her friends, to her composers, to her audiences.

I have never heard her speak ill of a colleague, though she has the integrity to speak clearly about professional shortcomings, where they exist. These are treated too with understanding and humanity.

This humanity and the most positive aspects of her femininity have often moved me – even to tears. Who has not been touched by Gwyneth as Brünnhilde being awakened to humanity by Siegfried's kiss – by the Marschallin's realization of her waning youth and the transience of Octavian's affections. In the concert performance of *Walküre* Act III at the Royal Albert Hall Prom in August 1989, we heard more of Brünnhilde's generosity and divinity than in many a stage performance in the opera house.

My own specially personal pleasure in this great lady comes from our work together in recital. "Gretchen" and "The Young Nun" came to life with a rare intensity – the Nordic nobility of Sibelius's lines has only been equalled by Flagstad and Nilsson, and I can only imagine that the warmth of the mother in "Wiegenlied" and "Meinem Kinde" must have touched Strauss's heart too.

At a recital in a wonderful French church, Gwyneth was concerned that some of the audience could only listen to most of the programme from behind massive 11th century columns. She had the idea of letting them see her too, by singing an encore from the centre of the nave.

"Wenn Du es wüßtest, was leben heißt..."

We all should listen to Gwyneth – her friends, however, know already and understand the love and generosity that enhance all aspects of her life.

GEOFFREY PARSONS

Medea · Medea · 1966 · New York

Die walisischen Identifikationsmuster, die sie wahrscheinlich als »Gwyneth die Große« bezeichnen, sollten auch das ebenso wahrheitsgetreue »Jones die Großzügige« zulassen. Die Privilegierten unter uns, die sie persönlich kennen, wissen, daß die Großzügigkeit, die allgemein in ihrem Gesang bewundert wird, nur der öffentliche Ausdruck ihrer ganzen Persönlichkeit ist. Gwyneth ist die Großzügigkeit in Person. Sie ist eine der größten »Geberinnen« der Welt: ihrer Familie, ihren Freunden, ihren Komponisten, ihrem Publikum.

Ich habe sie nie schlecht von einem Kollegen sprechen hören, obwohl sie ehrlich genug ist, klar über berufliche Unzulänglichkeiten zu sprechen, wo sie vorkommen. Aber auch diese werden mit Verständnis und Menschlichkeit angegangen.

Diese Menschlichkeit und ihre Weiblichkeit im positivsten Sinn des Wortes haben mich oft gerührt – sogar zu Tränen. Wer war nicht bewegt, als Gwyneth als Brünnhilde von Siegfrieds Kuß zur Menschlichkeit erweckt wurde – durch die Erkenntnis der Marschallin, daß ihre Jugend schwindet und Octavians Zuneigung vergänglich ist. In der konzertanten Aufführung des 3. Aktes der *Walküre* am Royal Albert Hall Prom im August 1989 hörte man mehr von Brünnhildes Großzügigkeit und Göttlichkeit als in vielen Bühnenvorstellungen dieser Oper.

Meine ganz persönliche Freude an dieser großen Frau rührt von unserer Zusammenarbeit bei Liederabenden. »Gretchen« und »Die junge Nonne« wurden mit seltener Intensität lebendig – der nordische Adel von Sibelius' Versen wurde nur noch von Flagstad und Nilsson erreicht, und ich kann mir vorstellen, daß die Wärme der Mutter im »Wiegenlied« und in »Meinem Kinde« auch Strauss' Herz gerührt hätte.

Bei einem Liederabend in einer wunderschönen französischen Kirche machte sich Gwyneth Sorgen darüber, daß gewisse Zuhörer den Großteil des Programms hinter massiven Säulen des 11. Jahrhunderts hören mußten. Sie schlug vor, eine Zugabe vom Zentrum des Kirchenschiffs aus zu singen, damit alle sie sehen könnten.

»Wenn Du es wüßtest, was leben heißt . . .«

Wir alle sollten auf Gwyneth hören – ihre Freunde jedenfalls kennen und verstehen die Liebe und Großzügigkeit, die alle Aspekte ihres Lebens erhöhen.

Les modèles d'identité gallois qui peuvent lui donner l'étiquette de Gwyneth la Grande, devraient aussi lui conférer le tout aussi vrai Jones la Généreuse. Ceux qui, parmi nous, ont le privilège de la connaître personnellement, peuvent comprendre que cette générosité, universellement admirée dans son chant, est ici la manifestation publique de son entière personnalité. Gwyneth *est* générosité. Elle est une des grandes donatrices de ce monde, elle donne à sa famille, à ses amis, à ses compositeurs et à ses auditoires.

Je ne l'ai jamais entendue dénigrer un collègue, même si elle a le courage de parler clairement des faiblesses professionnelles, là où elles existent. Celles-ci sont également traitées avec compréhension et humanité.

Cette humanité et les aspects les plus positifs de sa féminité m'ont souvent bouleversés; jusqu'aux larmes même. Qui n'a pas été touché par Gwyneth lorsqu'elle joue Brunehilde s'éveillant à l'humanité grâce au baiser de Siegfried. Qui n'a pas été touché par la Maréchale prenant conscience de sa jeunesse déclinante et de la nature éphémère de l'affection d'Octavian. Dans la représentation en concert de l'acte III de la *Walkyrie,* au bal du Royal Opera House, en août 1989, nous entendîmes plus de la générosité et de l'essence divine de Brunehilde que dans bien des spectacles à l'opéra.

Mon plaisir très personnel avec cette grande dame provient de notre collaboration dans des récitals. «Gretchen» et «La jeune nonne» nacquirent avec une intensité rare. La noblesse nordique des harmonies de Sibelius n'ont été égalées que par Flagstad et Nilsson, et je peux facilement imaginer que la chaleur de la mère dans «Wiegenlied» et «Meinem Kinde» aurait touché le cœur de Strauss aussi.

Au cours d'un récital dans une magnifique église française, Gwyneth s'inquiéta du fait qu'une partie du public ne pouvait écouter l'essentiel du programme que derrière des colonnes massives du 11ème siècle. Pour leur permettre de la voir aussi, elle eut l'idée de chanter un rappel depuis le centre de la nef.

«Wenn Du es wüßtest, was leben heißt . . .»

Nous devrions tous écouter Gwyneth. Ses amis, quoi qu'il en soit, connaissent déjà et comprennent l'amour et la générosité qui réhausse tous les aspects de sa vie.

GEOFFREY PARSONS

Donna Anna · Don Giovanni · 1967 · London

Be dedicated to and love your art . . . it's a great and rare privilege to be able to bring joy to others through the beauty of music. Treasure the precious gift which has been bestowed on you and do not treat your responsibility lightly. Sing always with love and true expression, otherwise you sing in vain and fail to enter into the heart of the listener. You need great self-discipline both in your way of living and in your work — and believe me, it is hard, hard work! Keep yourself fit and healthy . . . your body needs enough sleep and a sensible diet . . . a singer should be like an athlete. You can't burn the candle at both ends, you can't be socialising and then be fit for a performance. Always be well-prepared with your work. Before you start your career, when you have this wonderful protected haven of the college or opera school, you are nursed along and have plenty of time to prepare your roles. Use this time well; prepare as many roles as you can as afterwards you will be performing and travelling and very often you will have to learn new roles in hotel rooms, aeroplanes, trains and taxis with turmoil around you. You must never think you have finished your studies, that you know everything. If you do, your progress and development will suffer. As an artist, always be humble to your art and accept criticism . . . it will help you develop. Always work towards improving your vocal technique and breathing and remember your voice is your entire being and body, not just the vocal chords, so support from top to toe; sing from the heart.

Another important point is language. You have to sing in foreign languages and you should attempt to learn the language. Never use translations of the text but translate your aria or role word-for-word so that you understand clearly every word you are singing. Only then can you give true expression to the text.

Apart from being totally dedicated, you have to be a good actor and a thoroughly competent musician. Versatility and flexibility are also important ingredients and you must be able to adapt and adjust to meet the various wishes of producers and conductors. You must be able not just to accept criticism but to invite it. When I go into a new production and rehearsal I say very clearly to people: "Please, please, don't be afraid to give me criticism, I want it." Sometimes people think "this is a famous singer" so they are hesitant to say anything. That's wrong. It isn't helping anyone, certainly not the singer. No matter how famous and experienced, singers should never stop developing their art. Never tolerate boredom. No matter how often you've performed a role or a work you should always look for new things in the score. I've sung works a hundred times but whenever I have a performance ahead I take out the score and search it as if looking at it for the first time. I try to interpret the text in a different way . . . making each time a new experience, always discovering new moods and colours. A singer has to be prepared and equipped to meet loneliness and to make sacrifices. You can't have a normal life. I long very often just to be at home, to be a normal housewife and to relax and entertain friends. They are so very important to me as the happiness of our family life gives me great joy and strength. I am often alone in a hotel room, at an airport or in an aeroplane. To know what is going on at home I have to be content with a telephone conversation with my husband and my daughter in the evening. I miss so much this private life but it is the price of success, I'm afraid.

Widme dich deiner Kunst, und liebe sie . . . es ist ein großes und seltenes Privileg, andern durch die Schönheit der Musik Freude machen zu können. Schätze dieses wertvolle Geschenk, das dir gegeben wurde, und gehe nicht leichtfertig mit deiner Verantwortung um. Singe immer mit Liebe und wahrem Ausdruck, sonst singst du vergeblich und dringst nicht in die Herzen der Zuhörer. Du brauchst viel Disziplin sowohl in deiner Lebensweise als auch in deiner Arbeit – und glaub mir, es ist sehr, sehr harte Arbeit! Bleib fit und gesund . . . dein Körper braucht genug Schlaf und eine vernünftige Ernährung . . . eine Sängerin sollte wie eine Sportlerin leben. Du kannst die Kerze nicht an beiden Enden anzünden, du kannst nicht ausgehen und dann fit für eine Vorstellung sein. Sei immer gut auf deine Arbeit vorbereitet. Bevor du deine Karriere beginnst, solange du diesen wundervollen, geschützten Hafen des College oder der Opernschule hast, wirst du gehegt und gepflegt und hast genügend Zeit, um deine Rollen vorzubereiten. Nütze diese Zeit gut; lerne so viele Rollen, wie du kannst, denn nachher wirst du auftreten und herumreisen, und oft wirst du neue Rollen in Hotelzimmern, Flugzeugen, Zügen und Taxis lernen müssen, mit viel Ablenkung um dich herum.

Du darfst nie glauben, du hättest deine Studien abgeschlossen, du wüßtest alles. Wenn du das glaubst, werden deine Fortschritte und deine Entwicklung darunter leiden. Als Künstlerin mußt du deiner Kunst gegenüber demütig sein und Kritik akzeptieren . . . das wird dir helfen, dich weiterzuentwickeln. Arbeite immer daran, deine Gesangs- und Atemtechnik zu verbessern, und vergiß nicht, deine Stimme besteht aus deinem ganzen Wesen und Körper, nicht nur aus den Stimmbändern; stütze sie also von Kopf bis Fuß, sing aus dem Herzen.

Ein wichtiger Punkt ist auch die Sprache. Du mußt in Fremdsprachen singen, und du solltest versuchen, sie zu lernen. Benütze nie Übersetzungen, sondern übersetze eine Arie oder Rolle Wort für Wort, damit du jedes Wort, das du singst, genau verstehst. Nur so kannst du einem Text wirklich Ausdruck verleihen.

Du mußt dich nicht nur völlig hineingeben, du mußt auch eine gute Schauspielerin sein und eine vollkommen kompetente Musikerin. Vielseitigkeit und Flexibilität sind ebenfalls wichtige Zutaten, denn du mußt fähig sein, dich den unterschiedlichen Wünschen der Regisseure und Dirigenten zu fügen und anzupassen. Du mußt fähig sein, Kritik nicht nur zu akzeptieren, sondern sie zu verlangen. Wenn ich für eine neue Produktion in die Probe gehe, sage ich den Leuten ganz deutlich: »Bitte, bitte, habt keine Angst, mich zu kritisieren, ich möchte das.« Manchmal denken die Leute »berühmte Sängerin« und zögern, etwas zu sagen. Das ist falsch. Es hilft niemandem, zuletzt der Sängerin. Egal, wie berühmt und erfahren Sänger sind, sie sollten nie aufhören, ihre Kunst weiterzuentwickeln. Laß Langeweile nie zu. Egal, wie oft du eine Rolle oder ein Werk schon aufgeführt hast, du solltest immer in der Partitur nach neuen Aspekten suchen. Ich habe Werke hundertmal gesungen, aber immer, wenn eine Vorstellung bevorsteht, nehme ich den Auszug hervor und erforsche ihn, wie wenn ich ihn zum ersten Mal anschaute. Ich versuche, den Text auf verschiedene Arten zu interpretieren . . . und mache jedesmal eine neue Erfahrung, entdecke jedesmal neue Stimmungen und Schattierungen. Eine Sängerin muß gewappnet sein gegen die Einsamkeit und bereit, Opfer zu bringen. Man kann kein normales Leben führen. Oft sehne ich mich danach, einfach zu Hause zu sein, eine gewöhnliche Hausfrau zu sein, mich zu entspannen und Freunde einzuladen. Sie sind mir ebenso wichtig, wie mir unser glückliches Familienleben viel Freude und Kraft gibt. Ich bin oft allein in einem Hotelzimmer, am Flughafen oder in einem Flugzeug. Um zu wissen, was zu Hause geschieht, muß ich mich mit einem Telefongespräch am Abend mit meinem Mann und meiner Tochter begnügen. Ich vermisse das Privatleben sehr, aber das ist wohl der Preis des Erfolgs.

GWYNETH JONES

Aida · Aida · 1968 · London

Etre dévoué et aimer son art… c'est un grand et rare privilège que de pouvoir apporter aux autres la joie à travers la beauté de la musique. Chérissez le précieux cadeau qui vous a été accordé, et ne prenez pas votre responsabilité à la légère. Chantez toujours avec amour et authenticité, autrement vous chanterez en vain et ne parviendrez pas à pénétrer le cœur de l'auditeur. Une grande auto-discipline est nécessaire, tant dans la manière de vivre que dans le travail, et, croyez-moi, c'est dur, très dur! Il faut se maintenir en forme et en bonne santé… votre corps a besoin de sommeil en suffisance et d'un régime stricte… une cantatrice devrait être comme une athlète. Vous ne pouvez pas brûler la chandelle par les deux bouts, vous ne pouvez pas sortir et ensuite être en forme pour un spectacle. Toujours être bien préparée pour son travail. Avant d'entreprendre votre carrière, quand vous vivez dans ce havre merveilleusement protégé que constitue le collège ou l'école d'opéra, vous êtes choyés et disposez d'un temps immense pour préparer vos rôles. Ce temps doit être bien utilisé; préparez autant de rôles que vous pouvez, car, par la suite, vous jouerez et vous voyagerez, et, très souvent, vous devrez apprendre de nouveaux rôles dans des chambres d'hôtels, des avions, des trains et des taxis, au milieu d'une grande agitation. Vous ne devriez jamais penser que vos études soient terminées, que vous sachiez tout. Si vous le pensez, vos progrès et votre développement en souffrira. En tant qu'artiste, soyez toujours humble face à votre art et acceptez les critiques… cela vous aidera à vous développer.

Travaillez toujours dans le but de perfectionner votre technique vocale et votre respiration, et rappelez-vous que votre voix englobe votre personne et votre corps dans leur ensemble, pas uniquement les cordes vocales. Alors supportez-la de la tête aux pieds; chantez avec votre cœur. Un autre point important est le langage: vous devez chanter dans des langues étrangères, et vous devriez tenter de les apprendre. N'utilisez jamais de traductions du texte, mais traduisez votre aria ou votre rôle mot par mot afin de comprendre clairement chaque mot que vous chantez. Ce n'est qu'ainsi que vous pouvez donner une authenticité au texte.

A part être totalement dévoué, il faut être un bon comédien et un musicien véritablement compétent. La souplesse d'esprit et la flexibilité constituent également des ingrédients importants, et vous devez être capable de vous adapter et de vous ajuster pour satisfaire les vœux divers des metteurs en scène ou des chefs d'orchestre.

Vous devez être capable non seulement d'accepter les critiques mais de les solliciter. Quand j'entre dans une nouvelle mise en scène et que commencent les répétitions, je dis très clairement aux gens: «S'il vous plaît, s'il vous plaît, n'ayez pas peur de me critiquer, je le veux.» Parfois les gens pensent, «c'est une cantatrice célèbre», alors ils hésitent à dire quoi que ce soit. C'est faux. Cela n'aide personne, certainement pas la cantatrice. Peu importe la célèbrité et l'expérience, les cantatrices ne devraient jamais cesser de développer leur art. Ne tolérez jamais l'ennui. Peu importe combien de fois vous avez joué un rôle ou une œuvre, vous devriez toujours chercher du nouveau dans la partition. J'ai chanté des œuvres des centaines de fois mais, à chaque fois que je prépare un spectacle, je ressors la partition et la sonde comme si je la voyais pour la première fois.

J'essaye d'interpréter le texte d'une manière différente… je fais chaque fois une nouvelle expérience, découvrant toujours des humeurs et des couleurs nouvelles. Une cantatrice doit être préparée et s'équiper pour rencontrer la solitude et faire des sacrifices. Vous ne pouvez avoir une vie normale. Il me tarde très souvent d'être simplement à la maison, d'être une ménagère normale, de me détendre et de recevoir des amis. Ils sont tellement importants pour moi, autant que le bonheur de notre vie de famille me procure une joie et une force immense.

Je suis souvent seule dans une chambre d'hôtel, un aéroport ou un avion. Pour savoir ce qui se passe à la maison, je dois me contenter, le soir, d'une conversation téléphonique avec mon mari et ma fille. Cette vie privée me manque tellement, mais c'est la rançon du succès, j'en ai bien peur.

GWYNETH JONES

Gwyneth hörte ich zum ersten Mal in London als *Aida*, als ich für eine erkrankte Kollegin einsprang und die Amneris sang. Ich war ungeheuer beeindruckt von der Größe dieser warm und dunkel timbrierten Stimme.

Später, in Wien, sangen wir öfter zusammen, und ich lernte sie auf den Proben näher kennen. Da lernte ich, daß zu dieser schikken Frau mit der großen Ausstrahlung noch ein ganz lieber Charakter kam! Gwyneth ist einer der liebenswertesten Menschen, die ich kennenlernte. Immer freundlich zu jedermann! Aber noch etwas bemerkte ich an ihr: den großen Professionalismus und Enthusiasmus! Auf allen Proben konzentriert und ehrlich. Nie macht sie es sich leicht – ich muß schon sagen, daß ich sie restlos bewundere.

I heard Gwyneth for the first time as Aida in London when I replaced a sick colleague and sang Amneris. I was enormously impressed by the size of this warm and dark-timbered voice.

Later, in Vienna, we often sang together and I got to know her during rehearsals. I learned that this chic woman with the great radiance also had a very charming character. Gwyneth is one of the most adorable women I know. Always kind to everyone. But I noticed something else about her: her professionalism and enthusiasm. Concentrated and honest at all rehearsals, she never makes it easy for herself. And I must say I admire her immensely without any reservations.

J'entendis Gwyneth pour la première fois à Londres dans *Aïda*, lorsque je dus remplacer une collègue tombée malade pour chanter Amneris. Je fus terriblement impressionnée par l'ampleur de ce sombre et chaleureux timbre vocal.

Plus tard, à Vienne, nous chantions plus souvent ensemble, et je l'ai mieux connue durant les répétitions. C'est là que j'ai appris que cette femme élégante et au grand charme était aussi dotée d'un très aimable caractère! Gwyneth fait partie des personnes les plus aimables dont j'ai fait la connaissance. Toujours gentille avec tout le monde! Mais il y a plus: son grand professionnalisme et son enthousiasme! Concentrée à chaque répétition et franche. Elle ne le prend jamais à la légère – je dois avouer que je lui porte une admiration sans bornes.

CHRISTA LUDWIG

Aida · Aida · 1973 · Wien (Plácido Domingo)

Gwyneth Jones' Verbindung mit den Bayreuther Festspielen war nicht leicht herzustellen. Verschiedene Einladungen zum Vorsingen im Festspielhaus – eine für Bayreuth unumgängliche Notwendigkeit, der Akustik wegen – konnten aus Termingründen nicht wahrgenommen werden. Damit kam das erste geplante Engagement, sie 1965 als Senta zu besetzen, nicht zustande.

Ihre künstlerische Laufbahn in Bayreuth begann erst 1966 mit der Sieglinde in der Inszenierung des *Ringes* 1965 von Wieland Wagner (gestorben 17. 10. 1966), die von seinen Assistenten durchgeführt wurde; Wieland Wagner hielt jedoch den Kontakt zu seinen Künstlern vom Krankenbett aus. Dirigiert wurde dieser *Ring* von Karl Böhm und Otmar Suitner.

Zwischen 1966 und 1982 hat die Künstlerin mit fast allen im Festspielhaus wirkenden Dirigenten und Regisseuren gearbeitet: Karl Böhm, Berislav Klobucar, Horst Stein, Silvio Varviso, Erich Leinsdorf, Hans Wallat, Heinrich Hollreiser, Pierre Boulez, Colin Davis und Peter Schneider. Nach der Sieglinde 1966 kamen Eva 1968 (Karl Böhm und Berislav Klobucar/ Wolfgang Wagner), Kundry 1969 (Regie Wieland Wagner 1951–1964), Senta 1970 (August Everding), Venus und Elisabeth als Doppelrolle 1972 (Götz Friedrich) und ab 1974 die erste Brünnhilde in der *Götterdämmerung* (Wolfgang Wagner). 1975 folgten die beiden anderen Brünnhilden (Wolfgang Wagner). Zusammen mit Donald McIntyre, der ab 1973 die drei Wotane/Wanderer sang, hat der Regisseur Wolfgang Wagner im Sinne des Werkstattgedankens von Bayreuth die Protagonisten der so wichtigen Partien für den Jahrhundert-*Ring* 1976 unter Pierre Boulez und Patrice Chéreau ausprobiert. Die beiden Sänger blieben der Inszenierung bis 1980 erhalten. Insgesamt hat Gwyneth Jones 134 Vorstellungen in Bayreuth gesungen, so viele wie keine andere Sängerin dieses Faches seit 1951.

1979 und 1980 wurde dem Werkstattgedanken entsprechend eine neue, unter gefestigten Erkenntnissen eigens für Bayreuth entwickelte Technik der Live-Aufzeichnung gefunden und damit der Jahrhundert-*Ring* mit den Genannten auf Video und Schallplatte festgehalten. 1978 war sie an der Filmaufzeichnung des *Tannhäuser* unter Colin Davis als Venus und Elisabeth beteiligt.

Ihre Kollegialität und Einsatzwilligkeit ist allseitig bekannt, und so erklärte Gwyneth Jones spontan ihre Bereitschaft, die Vorstellungen des *Fliegenden Holländer* (Harry Kupfer) zu »retten«, als 1982 die Senta aus persönlichen Gründen ausfiel.

Unter der behutsamen Heranführung an immer größere Aufgaben ist Gwyneth Jones auch in Bayreuth zu Leistungen gelangt, die Publikum und mir als Festspielleiter stets präsent sind und die sie sich voll Dankbarkeit und Freude vergegenwärtigen.

Wolfgang Wagner

Eva · Die Meistersinger von Nürnberg · 1968 · Bayreuth

Eva · Die Meistersinger von Nürnberg · 1968 · Bayreuth · Produktion Wolfgang Wagner

Of course . . . I love my work . . . I adore it . . . I see music as a holy art—I feel very strongly about that. To me opera houses and concert halls are like cathedrals or churches and it's a joy to share the beauty of music. This is the main essence of my life and career . . . bringing joy to people, uplifting and helping them to forget the problems of the world. I have been guided by Khalil Gibran's "The Prophet". He says: . . . "work is love made visible." This applies not only to singers but to everyone in life . . . everyone who works with love is making their love visible to the world and to the people around them. I am so grateful to be able to express love through my work . . . singing.

Natürlich . . . ich liebe meine Arbeit . . . ich verehre sie . . . ich betrachte die Musik als eine heilige Kunst – daran glaube ich fest. Für mich sind Opernhäuser und Konzertsäle wie Kathedralen oder Kirchen, und es ist eine Freude, die Schönheit der Musik zu teilen. Dies ist der Hauptinhalt meines Lebens und meiner Karriere . . . den Leuten Freude zu bringen, sie zu erbauen und ihnen zu helfen, die Probleme der Welt zu vergessen. Khalil Gibrans »Der Prophet« hat mich geleitet. Er sagt: » . . . Arbeit ist Liebe sichtbar gemacht.« Dies trifft nicht nur auf Sänger zu, sondern auf alle im Leben . . . alle, die mit Liebe arbeiten, machen ihre Liebe sichtbar für die Welt und die Leute um sie herum. Ich bin sehr dankbar dafür, daß ich durch meine Arbeit Liebe ausdrücken kann . . . singend.

Bien sûr . . . j'aime mon travail . . . je l'adore . . . je perçois la musique comme un art. Je le ressens très fortement. Pour moi, les salles d'opéra et de concert sont comme des cathédrales ou des églises, et c'est une joie de partager la beauté de la musique. C'est l'essence fondamentale de ma vie et de ma carrière . . . apporter de la joie aux gens, les soulever et les aider à oublier les problèmes du monde. J'ai été guidée par «Le prophète» de Khalil Gibran. Il affirme: . . . «Le travail est l'amour rendu visible.» Dans la vie, ceci ne s'applique pas seulement aux chanteurs mais à tout le monde . . . tout ceux qui travaillent avec amour rendent leur amour visible pour le monde et pour les personnes qui les entourent. Je suis si reconnaissante de pouvoir exprimer l'amour à travers mon travail . . . le chant.

Gwyneth Jones

Gwyneth Jones' association with the Bayreuth Festival was not easy to arrange. Various invitations to audition in the Festspielhaus – an indispensible necessity for Bayreuth on account of the acoustics – could not be arranged for schedule reasons. Therefore, the first planned engagement for her to sing Senta in 1965 did not materialize.

Her artistic career in Bayreuth therefore began in 1966 with Sieglinde in the production of the 1965 *Ring* by Wieland Wagner († 17th October 1966) carried out by his assistants. (Wieland Wagner maintained contact to his artists from his sick bed.) This *Ring* was conducted by Karl Böhm and Otmar Suitner.

Between 1966 and 1982 the artist worked with almost all conductors and directors engaged at the Festival: Karl Böhm, Berislav Klobucar, Horst Stein, Silvio Varvisio, Erich Leinsdorf, Hans Wallat, Heinrich Hollreiser, Pierre Boulez, Colin Davis and Peter Schneider. Sieglinde in 1966 was followed by Eva in 1968 (Karl Böhm and Berislav Klobucar/Wolfgang Wagner), Kundry in 1969 (producer Wieland Wagner 1951 to 1964), Senta in 1970 (August Everding), Venus and Elisabeth as double role in 1972 (Götz Friedrich) and in 1974 the first Brünnhilde in *Götterdämmerung* (Wolfgang Wagner). In 1975 followed the two other Brünnhildes (Wolfgang Wagner). Together with Donald McIntyre, who sang the three Wotan/Wanderers from 1973, director Wolfgang Wagner tried out the protagonists in the key roles for the centenary *Ring* 1976 under Pierre Boulez and Patrice Chéreau on the lines of the workshop concept of Bayreuth. Both singers sang in this production until 1980. Altogether Gwyneth Jones has sung 134 performances in Bayreuth, more than any other leading soprano since 1951.

Based on the workshop concept, in 1979 and 1980 a new technique of live recording was developed especially for Bayreuth and the centenary *Ring* was captured on video and record. In 1978 Gwyneth Jones participated in the filmed recording of *Tannhäuser* as Venus and Elisabeth under Colin Davis's baton.

Her comradeship and her willingness for commitment is known far and wide; therefore Gwyneth Jones spontaneously declared her readiness to "rescue" the performances of the *Flying Dutchman* (Harry Kupfer) in 1982, when the Senta dropped out for personal reasons.

Under careful guidance, leading to progressively greater tasks, Gwyneth Jones achieved performances in Bayreuth that are forever present in the audience's mind, and for me, as Festival Director, are recalled with great gratitude and pleasure.

La rencontre entre Gwyneth Jones et les Festspiele de Bayreuth ne fut pas aisée. Diverses invitations à des auditions au Festspielhaus – une nécessité incontournable à Bayreuth en raison de l'acoustique – ne se sont pas réalisées faute de dates compatibles. Aussi dûmes-nous renoncer à son premier engagement pour le rôle de la Senta en 1965.

Sa carrière artistique à Bayreuth ne débuta qu'en 1966 avec la Sieglinde dans la mise en scène du *Ring* en 1965 de Wieland Wagner († 17. 10. 1966), réalisée par ses assistants; cependant Wieland Wagner resta en contact avec ses artistes depuis son lit d'hôpital. Ce furent Karl Böhm et Otmar Suitner qui dirigèrent ce *Ring*.

Entre 1966 et 1982 cette artiste travailla avec presque tous les chefs et metteurs en scène du Festspielhaus: Karl Böhm, Berislav Klobucar, Horst Stein, Silvio Varviso, Erich Leinsdorf, Hans Wallat, Heinrich Hollreiser, Pierre Boulez, Colin Davis et Peter Schneider. Après la Sieglinde en 1966, vinrent Eva en 1968 (Karl Böhm et Berislav Klobucar/Wolfgang Wagner), Kundry en 1969 (direction Wieland Wagner 1951–1964), Senta en 1970 (August Everding), Vénus et Elisabeth en double rôle en 1972 (Götz Friedrich) et dès 1974 la première Brunehilde dans la *Götterdämmerung* (Wolfgang Wagner). En 1975 suivirent les deux autres Brunehildes (Wolfgang Wagner). Avec Donald McIntyre qui chanta dès 1973 les trois Wotans/voyageurs errants, le metteur en scène Wolfgang Wagner auditionna, dans l'esprit des ateliers de Bayreuth, les protagonistes des parties les plus importantes du *Ring* du siècle de 1976 sous la direction de Pierre Boulez et Patrice Chéreau. Les deux chanteurs demeurèrent dans cette mise en scène jusqu'en 1980. En tout, Gwyneth Jones chanta dans 134 représentations à Bayreuth, bien plus qu'aucune cantatrice avec le même répertoire depuis 1951.

En 1979 et 1980, toujours fidèle à l'esprit des ateliers et en s'appuyant sur des expériences plus solides, l'on put trouver une nouvelle technique d'enregistrement en direct spécialement développée pour Bayreuth et conserver le *Ring* du siècle avec les deux susmentionnés tant en vidéo que sur disque. En 1978, elle participa, dans les rôles de Vénus et d'Elisabeth, au tournage de *Tannhäuser*, sous la direction de Colin Davis.

Sa collégialité et son engagement sont connus de tous. C'est donc spontanément que Gwyneth Jones se déclara prête à «sauver» les représentations du *Vaisseau Fantôme* (Harry Kupfer) lorsqu'il y eut la défection de Senta pour des raisons personnelles en 1982.

Ayant été emmenée de manière prudente à des tâches toujours plus grandes, Gwyneth a également réussi, à Bayreuth, des prestations qui resteront gravées dans ma mémoire en tant que directeur des Festspiele ainsi que dans celle du public, et nous nous les remémorons toujours avec gratitude et joie.

Wolfgang Wagner

Cho-Cho-San · Madama Butterfly · 1969 · Genève

Haben Sie herzlichen Dank für Ihre lieben Zeilen, über die ich mich herzlich gefreut habe. Ich bin sehr traurig darüber, daß ich Ihnen bei Ihrem Bayreuth-Debüt nicht hilfreich die Hand halten konnte, aber das Schicksal war diesmal gegen uns. Ich gratuliere Ihnen herzlichst zu dem großen und einhelligen Erfolg, den Sie auf Anhieb auf der schwierigen Bayreuther Bühne errungen haben. Ich freue mich aber auch über die allgemeine Sympathie, die Sie in Bayreuth für sich gewonnen haben.

Daß Sie nächstes Jahr während der Probezeit sozusagen total-blockiert sind, ist betrüblich, aber wohl nicht mehr zu ändern. Ich rechne trotzdem fest mit Ihnen im nächsten Jahr und werde Ihnen in den nächsten Tagen einen Vorschlag für die Festspiele 1967 machen.

Heartfelt thanks for your lovely lines which gave me immense pleasure. I am very sad that I was not able to help and hold your hand at your Bayreuth debut, but destiny was against us this time. I congratulate you heartily on the great and unanimous success that you had at your first appearance on the difficult Bayreuth stage. I am also pleased about the warm acceptance that you earned everywhere in Bayreuth.

It is distressing that next year you are, so to speak, totally booked during rehearsals, but probably not to be changed. I am counting on you next year in spite of this and will be making you a proposal for the Festival of 1967 in the next few days.

Un cordial merci pour vos aimables mots. Ils m'ont vraiment fait plaisir. Je suis très triste de ne pas avoir été en mesure de vous aider en vous tenant la main lors de vos débuts à Bayreuth; cette fois-là, le destin nous avait joué un tour. Je vous félicite cordialement du grand et unanime succès que vous avez conquis du premier coup sur cette scène si difficile de Bayreuth. Mais je me réjouis également de la sympathie générale que vous avez gagnée à Bayreuth.

Que vous soyez, pour ainsi dire, complètement bloquée pendant les périodes de répétition l'année prochaine est regrettable, mais rien n'y fera probablement. Je compte néanmoins fermement sur vous pour l'année prochaine et me permettrai de vous soumettre une proposition pour les Festspiele de 1967.

WIELAND WAGNER

Kundry · Parsifal · 1969 · Bayreuth

Kundry · Parsifal · 1970 · Bayreuth · Produktion Wieland Wagner

It is with the greatest pleasure that I can look back on over 25 years of wonderful collaborations with Gwyneth, in a multitude of different projects all over the world.

From her first recording with me as a Rhinemaiden in *Götterdämmerung,* through the greatest possible variety of operatic roles, she has always shown great artistry and impeccable professionalism.

Mit dem größten Vergnügen kann ich auf über 25 Jahre wunderbarer Zusammenarbeit mit Gwyneth zurückblicken, in einer Vielzahl von verschiedenen Projekten auf der ganzen Welt.

Angefangen bei ihrer ersten Aufnahme mit mir als eine Rheintochter in der *Götterdämmerung* über die größtmögliche Vielfalt von Opernrollen, zeigte sie immer künstlerische Größe und makellose Professionalität.

C'est avec le plus grand des plaisirs que je jette un regard sur plus de 25 années de collaboration magnifique avec Gwyneth, dans une multitude de différents projets à travers le monde.

Dès son premier enregistrement avec moi comme Fille du Rhin dans le *Götterdämmerung,* puis à travers la plus grande diversité possible des rôles de l'opéra, elle a toujours montré un grand talent artistique et un professionalisme impeccable.

GEORG SOLTI

Während einer meiner langen Gastspielreisen sang ich den Rocco in Beethovens *Fidelio* am 21. 10. 64 an der Covent Garden Opera, und das Glück bescherte mir eine glanzvolle junge Sänger-Debütantin als Leonore. Meine staunende Bewunderung und der Jubel des Publikums waren grenzenlos für einen neuen Stern an unserem Opernhimmel: Gwyneth Jones.

Frau Jones konnte ich bis heute in vielen Glanzpartien erleben. Die einmalige Schönheit ihrer Stimme und ihre unvergleichliche künstlerische Ausdruckskraft, verbunden mit ihrer zauberhaften Bühnenerscheinung, geben den jeweiligen Szenen ihren unverkennbaren Stempel.

During one of my lengthy guest appearance tours I sang Rocco in Beethoven's *Fidelio* on October 21st, 1964 at Covent Garden Opera, and fortune bestowed on me a brilliant young singer-debutante as Leonore. My own amazed admiration and the audience's ovation were boundless. A new star had appeared in our opera heaven – Gwyneth Jones.

I was able to experience Dame Gwyneth in many of her most brilliant roles. The unique beauty of her voice and her incomparable artistic force of expression, coupled with her magical stage appearance, always put an unmistakable distinction onto the scene.

Le 21 octobre 64 au Covent Garden Opera, au cours d'une de mes longues tournées, je chantai Rocco dans le *Fidelio* de Beethoven, et la chance me fit cadeau d'une brillante chanteuse-débutante dans le rôle de Leonore. Mon admiration étonnée et l'allégresse du public furent illimitées pour cette nouvelle étoile dans notre ciel de l'opéra: Gwyneth Jones.

J'ai connu Madame Jones dans de nombreuses et splendides prestations. La beauté unique de sa voix et son expressivité artistique incomparable, liées à sa charmante apparence scénique, confient à ces scènes une touche inimitable.

JOSEF GREINDL

Tosca · Tosca · 1971 · London (Plácido Domingo)

It is always a great pleasure for me to write about a colleague I admire.

In this case, however, apart from the admiration for all the extraordinary performances Gwyneth is offering to audiences all over the world, there is also a long, dear friendship which links us since many years.

I have so beautiful memories of our collaboration, like the *Tosca* in San Francisco; of course I feel closer to her intense portrayals of the Italian repertoire, but how I could not even mention at least some of her unforgettable German heroines, as Brünnhilde, Isolde, Elektra and Strauss's Shadowless Woman!

Therefore I take this opportunity to thank Gwyneth, hoping to have soon the possibility of being in the public to personally applaude her.

Es ist mir immer ein großes Vergnügen, über eine Kollegin zu schreiben, die ich bewundere. In diesem Fall gibt es aber neben der Bewunderung für all die außergewöhnlichen Auftritte, die Gwyneth dem Publikum weltweit bietet, eine lange, teure Freundschaft, die uns seit vielen Jahren verbindet.

Ich habe so schöne Erinnerungen an unsere Zusammenarbeit, etwa an die *Tosca* in San Francisco; natürlich liegen mir ihre starken Interpretationen des italienischen Repertoires näher, aber wie könnte ich nicht wenigstens ein paar ihrer unvergeßlichen deutschen Heldinnen erwähnen, wie Brünnhilde, Isolde, Elektra und Strauss' Frau ohne Schatten!

Deshalb nehme ich diese Gelegenheit wahr, um Gwyneth zu danken, und hoffe, daß ich bald Gelegenheit haben werde, im Publikum zu sitzen und ihr persönlich zu applaudieren.

C'est toujours un grand plaisir d'écrire à propos d'une collègue que j'admire.

Dans ce cas toutefois, mise à part mon admiration pour toutes les représentations extraordinaires que Gwyneth offre aux publics du monde entier, il y a aussi une longue et précieuse amitié qui nous lie depuis des années.

J'ai de si beaux souvenirs de notre collaboration; à l'image de la *Tosca,* à San Francisco. Je me sens, bien sûr, plus proche de ses interprétations profondes du répertoire italien, mais comment ne pouvais-je mentionner au moins certaines de ses inoubliables héroïnes germaniques, comme Brunehilde, Isolde, Elektra et la Femme sans ombre de Strauss!

C'est pourquoi je saisis cette occasion pour remercier Gwyneth, en espérant avoir bientôt la possibilité d'être dans le public pour l'applaudir personnellement.

LUCIANO PAVAROTTI

Tosca · Tosca · 1982 · San Francisco

Das macht den wirklichen Künstler aus: daß er sich am Abend, wenn der Vorhang hochgegangen ist, an die Figur, die er zu spielen hat, verliert – und daß er trotzdem die Kontrolle über sich, über seine Rolle behält.

Gwyneth Jones reift als Salome vom egozentrisch jungfräulichen Mädchen zur todesbereiten Frau. Sie schafft diese Verwandlung innerhalb von 100 Minuten vor aller Augen – in Aussehen und Ausdruck, sogar im Stimmtimbre. Das ist nicht kalkuliert, sondern intensives Miterleben, glaubhafte Identifikation mit einer Figur, die hier jenseits gekonnter Theatralik Wirklichkeit wird.

Stimmlich dominieren der Menschenlaut, der Ausdruck der Kreatur.

Voilà ce qui fait le véritable artiste: qu'il s'abandonne, le soir, quand le rideau est levé, au personnage à jouer, tout en gardant le contrôle sur soi-même et sur son rôle.

Gwyneth Jones mûrit dans le rôle de Salomé, passant de la jeune fille vièrge et égocentrique à la femme prête à mourir. Elle réussit cette métamorphose en 100 minutes sous le regard de tous, ceci en apparance et en expression et même dans le timbre de sa voix.

Tout ceci n'est pas calculé, mais procède d'une participation intense, d'une identification au personnage qui est crédible, et qui, dans ce cas, devient réalité au delà du théâtralisme accompli.

Pour ce qui est de la voix, ce sont les sons humains et l'expression de la créature qui dominent.

This is what makes the true artist – that, he/she after the curtain has gone up, slips into the character that is to be performed, and in spite of that, is in perfect control of his/her own person and the role.

As Salome, Gwyneth Jones matures from an egocentric maidenly girl to a woman prepared to die. She creates this change within 100 minutes in front of all eyes – in appearance and expression, even in the timbre of the voice. This is not calculated, but an intensive experience; credible identification with a figure that becomes reality beyond all well-versed staginess.

The human sound dominates the singing, in being an expression of a creature.

Karl Löbl

I have had the pleasure of making music with Gwyneth Jones over the last twenty-five years. I can say that personally I have found her always to be a consummate musician, one who has devoted herself to her art. She unselfishly gives of herself and of her talent not only at every performance, but also at taxing rehearsal periods. Of course, all this makes eventually for very exciting performances and gives immense pleasure to any conductor who is lucky enough to be associated with her.

Ich hatte das Vergnügen, während der letzten 25 Jahre zusammen mit Gwyneth Jones zu musizieren. Ich kann sagen, daß ich sie immer als eine vollendete Musikerin erlebt habe, als eine, die sich ganz ihrer Kunst verschrieben hat. Selbstlos gibt sie sich und ihr Talent nicht nur in jede Aufführung, sondern auch in die anstrengende Probenarbeit. Natürlich führt das alles zu sehr aufregenden Vorstellungen und macht jedem Dirigenten unendliche Freude, der das Glück hat, mit ihr zusammenzuarbeiten.

J'ai eu le plaisir de faire de la musique avec Gwyneth Jones durant les vingt-cinq dernières années. Je peux dire que, personnellement, j'ai toujours trouvé en elle une musicienne consommée, une musicienne qui s'est consacrée entièrement à son art. Elle s'investit sans compter, elle-même et son talent, non seulement à chaque spectacle, mais également au moment éprouvant des répétitions. En fin de compte, cela contribue, bien sûr, à rendre les spectacles vraiment passionnants et offre un plaisir immense à tout chef d'orchestre qui a la chance de collaborer avec elle.

Zubin Mehta

Salome · Salome · 1970 · Hamburg

Salome · Salome · 1981 · New York

Salome · Salome · 1985 · Wien

Music is food for your soul. It is about giving and sharing. Sometimes you are lifted into another dimension.

Musik ist Nahrung für die Seele. Es geht um Geben und Teilen. Manchmal wird man in eine andere Dimension erhoben.

La musique est une nourriture pour l'âme. C'est une question de don et de partage. Parfois, on est soulevé vers une autre dimension.

Gwyneth Jones

This revival did gain from the participation of Dame Gwyneth in the title role, a Helena for whose looks, not just her face, a thousand ships might well have been launched, and whose singing of the very ingratiating music is now even more lovely than before, either on record or in Vienna where I first saw her play the part.

Diese Wiederaufnahme gewann sehr durch die Teilnahme von Dame Gwyneth in der Hauptrolle; eine Helena, für deren Schönheit, nicht nur des Gesichts, man gut tausend Schiffe losgesandt hätte und deren Gesang der einschmeichelnden Musik jetzt sogar noch schöner ist als früher, sowohl auf Schallplatte als auch in Wien, wo ich sie diese Rolle zum ersten Mal spielen sah.

Cette redécouverte a beaucoup gagné grâce à la participation de Dame Gwyneth dans le rôle principal. Une Hélène dont les apparences et pas seulement le visage auraient bien pu faire prendre le large à un millier de bateaux et dont l'interprétation de cette musique insinuante est maintenant encore plus charmante qu'avant, soit sur disque, soit à Vienne où je la vis pour la première fois dans ce rôle.

William Mann

Keine andere Strauss-Oper stellt an die Protagonisten gleich hohe Anforderungen. Die Besetzung, die die Wiener Staatsoper zur Verfügung stellt, erfüllt die in sie gesetzten Erwartungen. Gwyneth Jones zieht die großen Bogen ihrer zumeist gefährlich hoch liegenden Partie mit einer Souveränität und stimmlichen Leuchtkraft, die, über das Belcantistische weit hinausreichend, die dämonischen wie die tief menschlichen Züge der »schönsten Frau der Welt« zu reich gestuftem gesanglichem Ausdruck bringen.

No other Strauss opera makes such high demands on the protagonists. The cast placed at disposal by the Vienna State Opera totally fulfils the expectations. Gwyneth Jones accomplishes her mostly dangerously high-pitched role with a sovereignty and lightness of voice that extends beyond the normal belcanto, bringing the demonic as well as the deep humane attributes of the "most beautiful woman in the world" to a richly-phased musical expression.

Aucun autre opéra de Strauss exige autant des protagonistes. La distribution que le Staatsoper de Vienne met à disposition, répond à ces attentes. Gwyneth Jones embrasse les grands légatos de ses rôles, souvent dangereusement aigus, avec une telle souveraineté et une telle luminosité vocale que, bien au delà du belcanto, les traits tant démoniaques que profondément humains de «la plus belle femme au monde» atteignent une expressivité dégradée.

Willi Schuh

Helena · Die Ägyptische Helena · 1979 · New York

Im stillen hatte man bei sich – vor dem Gespräch – Dame Gwyneth eine Göttin des Gesanges genannt. Die Begeisterung ist nicht geringer geworden – wenn man Begeisterung als Bereicherung des Geistes versteht –, und wenn es noch eine Steigerung für Göttin gäbe: Hier wäre sie angebracht. Aber es ist nicht nötig. Dame Gwyneth ist etwas viel Besseres noch: eine Botschafterin der Liebe und eine wahre Dienerin am Leben. Daß sie uns das alles durch ihren Gesang so nahebringen kann: wie wunderbar für uns!

Danke, Dame Gwyneth!

You always knew in the depth of your heart that Dame Gwyneth was a singing Goddess. And that was before you'd spoken to her! The enthusiasm is no less afterwards – if by enthusiasm you mean enrichment of the soul. And if the word "Goddess" could be given a superlative, then it would most certainly be fitting here. But, of course, it's not necessary. Dame Gwyneth is something far more. She is an ambassadress of love and life. How wonderful for us that she is able to bring all this to us through her singing!

Thank you, Dame Gwyneth!

A soi-même et avant de lui parler, on avait déjà qualifié Dame Gwyneth de déesse du chant. L'enthousiasme, si l'on comprend par enthousiasme l'enrichissement de l'esprit, ne s'est pas amoindri et, s'il existait plus grand que déesse, le terme serait approprié. Mais ce n'est pas nécessaire. Dame Gwyneth est bien plus encore: une ambassadrice de l'amour et une véritable servante de la vie. Qu'elle puisse nous faire comprendre tout ceci par son chant: quelle merveille pour nous!

Merci, Dame Gwyneth!

Edeltrud K. Timmermeister

World acclaim has not changed the essential Gwyneth. She is proud of her Welsh roots. On stage and off, her artistry and personality make her a unique ambassadress for Wales wherever she appears.

Weltruhm hat die wahre Gwyneth nicht verändert. Sie ist stolz auf ihre walisischen Wurzeln. Sowohl auf der Bühne wie auch im Alltag machen ihre Kunst und ihre Persönlichkeit sie zu einer einmaligen Botschafterin für Wales, wo immer sie hinkommt.

Les acclamations du monde n'ont pas affecté la véritable Gwyneth. Elle est fière de ses racines galloises. Sur scène comme à la ville, partout ou elle apparaît, son talent artistique et sa personnalité font d'elle une ambassadrice unique du Pays de Galles.

Kenneth Loveland

Marschallin · Der Rosenkavalier · 1972 · München

Marschallin · Der Rosenkavalier · 1972 · München (Brigitte Fassbaender)

On the best nights, I feel so much love flowing over both sides of the footlights. When an artist reaches beyond the notes and generates that special magic, the response is overwhelming. Singing means giving, and one day I'll teach that message in master classes. Starting with excellent vocal technique, the complete artist shapes his entire body into an expressive instrument. In my classes I'll want students to communicate life through their eyes, lips, even fingertips. That's the ongoing challenge and joy of the art.

An den besten Abenden spüre ich so viel Liebe beidseits der Rampenlichter strömen. Wenn ein Künstler die Noten überwindet und diesen ganz besonderen Zauber kreiert, ist die Reaktion überwältigend. Singen heißt Geben, und eines Tages werde ich genau das in meinen Meisterklassen lehren. Ausgehend von einer ausgezeichneten Stimmtechnik, formt der vollendete Künstler seinen ganzen Körper zu einem ausdrucksvollen Instrument. In meinen Klassen will ich die Schüler dazu bringen, Leben durch ihre Augen, Lippen, ja sogar durch die Fingerspitzen auszudrücken. Das ist die ständige Herausforderung und Freude dieser Kunst.

Les meilleures nuits, je ressens un immense amour déborder des deux côtés de la rampe. Quand un artiste dépasse les notes et génère cette magie particulière, la réponse est bouleversante. Chanter signifie donner et, un jour, j'enseignerai ce message dans les cours supérieurs. Partant d'une excellente technique vocale, l'artiste achévé façonne son corps entier en un instrument expressif. Dans mes cours, j'exigerai des élèves qu'ils communiquent la vie à travers leurs yeux, leurs lèvres et même le bout de leurs doigts. Là résident les perpétuels défis et joies de l'art.

GWYNETH JONES

Marschallin · Der Rosenkavalier · 1972 · München

Once upon a time there was this *Rosenkavalier* production with a trio of ladies to write home about. Now that the erstwhile Sophie is tackling Marschallin and the Octavian of yesteryear has turned producer(ess), our unique dream-team has become history. Apart from the voices, the looks and the acting of those ladies, the *togetherness* we had in this ensemble was incredible. And it was mainly Gwyneth's character that kept us all in such a good humour and temper for the many years the production survived.

Gwyneth is a lady and a good sport, serious but funny, full of heart and soul, marvellous memory, dramatic power, dedication, etc. All this combined with an uncanny aura of innocence and freshness. Another very special thing: you cannot be impatient with Gwyneth. She will overlook it and leave you feeling very awkward indeed. It is like trying to worry Lao-Tse or something. Thus one also learns manners from Gwyneth, though she gives no lessons. Maybe her burning ambition to sing every part in absolutely every opera or operetta by absolutely every composer from Adam to Zandonai is a wee bit unsettling for those of us with less energy at our disposal. But it certainly is impressive. Bravo Gwyneth and good luck! Your old Carlos.

Es war einmal eine *Rosenkavalier*-Produktion mit einem Trio bemerkenswerter Damen. Jetzt, wo sich die ehemalige Sophie auf die Marschallin stürzt und der Octavian der verflossenen Jahre Regisseuse wurde, gehört unser einmaliges Traumteam der Geschichte an. Abgesehen von den Stimmen, dem Aussehen und dem Spiel dieser Damen, war der *Zusammenhalt,* den wir in diesem Ensemble hatten, unglaublich. Und es war hauptsächlich Gwyneths Persönlichkeit, die uns während all der Jahre, die diese Produktion überdauerte, bei so guter Laune hielt.

Gwyneth ist eine Lady, mit der man Pferde stehlen kann, ernst, aber humorvoll, mit viel Herz und Seele, mit einem bewundernswerten Gedächtnis, schauspielerischer Kraft, Hingabe usw. All dies kombiniert mit einer unheimlichen Aura von Unschuld und Natürlichkeit. Und noch etwas ganz Besonderes: Man kann mit Gwyneth nie die Geduld verlieren. Sie übersieht es einfach, und man kommt sich wahrhaftig ungeschickt vor. Es ist, als wenn man versuchte, Laotse aus der Ruhe zu bringen oder so ähnlich. So lernt man von Gwyneth auch, wie man sich benehmen soll, ohne daß sie Lektionen erteilt. Vielleicht ist ihr brennender Ehrgeiz, jede Partie in wirklich jeder Oper oder Operette von jedem Komponisten von Adam bis Zandonai zu singen, ein klein wenig beunruhigend für diejenigen unter uns, die weniger Energie zur Verfügung haben. Aber beeindruckend ist er auf jeden Fall. Bravo Gwyneth und viel Glück! Dein alter Carlos.

Il était une fois une mise en scène du *Chevalier à la Rose* avec un trio de grandes dames, à le raconter à sa mère. Maintenant que la Sophie d'antan s'attaque à la Maréchale et que l'Octavian de l'année dernière est devenue metteur (-euse) en scène, notre inimitable équipe de rêve appartient désormais à l'histoire. Mis à part les voix, l'image et le jeu de ces dames, la communion que nous trouvions dans cet ensemble était incroyable. Et c'était principalement la personnalité de Gwyneth qui nous maintenait tous dans une telle bonne humeur et une telle ambiance durant les quelques années où la mise en scène a survécu.

Gwyneth est une grande dame et une chic fille, sérieuse mais amusante, pleine de cœur et d'âme, avec une mémoire merveilleuse, avec une puissance spectaculaire, avec un sens du dévouement, etc. Tout ceci se conjugue avec une étrange aura d'innocence et de fraîcheur. Encore un détail très particulier: on ne peut être impatient avec Gwyneth. Elle fera comme si de rien n'était, et, à vrai dire, on s'en trouve fort embarassé. C'est comme vouloir inquiéter Lao-Tse ou quelque chose du même type. Autant peut-on apprendre les bonnes manières auprès de Gwyneth, autant ne donne-t-elle pas de leçons.

Son ambition dévorante de chanter chaque rôle dans absolument chaque opéra ou opérette d'absolument chaque compositeur, de Adam à Zandonai, est légèrement troublante pour ceux d'entre nous qui ont moins d'énergie à disposition. Mais, assurément, c'est impressionnant. Bravo Gwyneth et bonne chance! Ton vieux Carlos.

Carlos Kleiber

Marschallin · Der Rosenkavalier · 1972 · München

Die erste künstlerische Begegnung mit Gwyneth stand unter besonderen Sternen. Ohne daß ich sie aus einer eigenen Regiearbeit vorher kannte, hatte ich Wolfgang Wagner gebeten, ihr Elisabeth *und* Venus im Bayreuther *Tannhäuser* 1972 zu übertragen. Ihre Zustimmung gab meinem Konzept einen besonderen Sinn. Denn Tannhäuser sollte sich nicht zwischen zwei Frauen entscheiden, nicht in der überkommenen Konfliktsituation »zwischen Himmel und Hölle« stehen. Vielmehr wollte ich, daß er seine Suche nach künstlerischer Freiheit wie nach gesellschaftlicher Kommunikation in der Projektion ins Erotische durchlebt und durchleidet. Niemand anders als Gwyneth Jones schien damals die Herausforderung annehmen zu können, das Schema der konträren Frauengestalten im *Tannhäuser* zu ersetzen durch den Aspekt, daß es sich bei Elisabeth und Venus nur um die Spiegelung *eines* Frauenbildes handelt. Auch nach den damaligen Bayreuther Buh-Gewittern gegen den Regisseur stand sie zu diesem Konzept, zu ihrer Leistung. Das begründete eine Beziehung, von der Elsa im *Lohengrin* singt: »Ist das nur Liebe?«

Ich denke, nie zuvor hatte sich eine Elisabeth mit solcher Tapferkeit in die gegen Tannhäuser gezückten Schwerter geworfen und ihr Flehen um Gnade für den, der sie soeben so tief verletzt hatte, mit solch leidenschaftlicher Anklage verbunden gegen die trägen und harten Herzen. Auch daß Gwyneth meine Idee, während des bei offenem Vorhang musizierten Vorspiels zum 3. Akt Tannhäusers »Rom-Fahrt« regungslos, in konzentrierter Meditation zu »erleben«, mit kluger Emotionalität verwirklichte, verdient Dank und Bewunderung. Niemals ist jemand so wie sie durch die Reihen der Pilger geirrt, das Antlitz des geliebten Mannes suchend – es sei denn die Frauen, die unter entlassenen Häftlingen oder endlich heimkehrenden Kriegsgefangenen ihren Mann, ihren Sohn, ihren Bruder finden wollten.

Als sie nach ihrem mit weher, schönster Innigkeit gesungenen Gebet von der Bühne wie ein todwundes Tier hinwegkriechen sollte, begehrte selbst sie auf. Sie schleppte sich einige Meter zur Seite, verließ aber die Bühne in aufrechter, wenn auch gebrochener Haltung. Noch heute imponiert mir ihr Eingehen auf das Konzept und in Konsequenz dazu ihre Vor- und Weitsicht hinsichtlich der Erkenntnis, daß der volle Einsatz dafür nicht dessen ästhetische Überzeugungskraft gefährden sollte.

Fast zwanzig Jahre später ist sie nun in meiner Londoner Neuinszenierung des *Rings* wieder Brünnhilde. Dazwischen liegen viele wertvolle, aufregende Begegnungen mit ihr. Aber schon jetzt freue ich mich darauf, mit ihr alles im *Ring* auf den Satz hinlaufen zu lassen: »Ruhe, ruhe, du Gott.«

Das Musiktheater der zweiten Hälfte dieses Jahrhunderts hat in Dame Gwyneth Jones eine seiner ganz großen Protagonistinnen. Das Wunder ihrer dauerhaften künstlerischen Präsenz besteht darin, daß sie die zeitlosen Schicksale der von ihr gestalteten Opernfiguren in augenblicklicher, unvergeßlicher Konkretheit verkörpert – damenhaft oder mädchenhaft, zärtlich oder wild, weiblich, menschlich auf jeden Fall und immer auf persönlichste Weise. Gerade diese persönliche Unbedingtheit mag erklären, was so unbegreiflich erscheint: daß sie jung ist und bleibt.

Götz Friedrich

Venus · Tannhäuser · 1972 · Bayreuth

The first artistic meeting with Gwyneth took place under a very particular star. Although I had never met her in connection with my own stage-directing, I had asked Wolfgang Wagner to let her sing Elisabeth *and* Venus at the Bayreuth *Tannhäuser* production in 1972. Her consent gave my concept a very special sense. Because Tannhäuser should not decide between two women, nor be in the conventional conflict situation "between heaven and hell." I rather wanted to see that he experienced and suffered his search for artistic freedom and for social communication in erotic projection. Nobody other than Gwyneth Jones appeared at that time to be able to accept the challenge of replacing the pattern of the contrary female figures in *Tannhäuser* through the aspect that Elisabeth and Venus are really only the reflection of *one* female figure. Even after the Bayreuth audience's thunderstorms against the director she stood by this concept and her performance. This was the beginning of a relationship of which Elsa in *Lohengrin* sings: "Is this but love?"

I believe that never before had an Elisabeth thrown herself with such bravery at the swords risen against Tannhäuser – who had just deeply hurt her – linking her plea for mercy with a passionate accusation against their idle and hard hearts.

The fact that Gwyneth also realized my idea to "experience" Tannhäuser's journey to Rome motionless and in meditation during the introductory music to Act 3 with raised curtain deserves gratitude and admiration. Never before has anyone erred through the rows of pilgrims, as she did, searching out the countenance of her beloved man other than women who seek to find the face of their husband, son, or brother among released prisoners of war.

When she was supposed to crawl from the stage like a mortally wounded animal after singing the Prayer with pained and most beautiful tenderness, even she protested. She dragged herself a few meters sideways, but left the stage in an upright, though broken deportment. Even today I am impressed by her involvement with the concept and her consequential care and far-sightedness of the perception that a complete commitment should not endanger its aesthetic persuasive powers.

Almost twenty years on she is in my new London production of the *Ring* – again as Brünnhilde. In the time between, there have been many valuable and exciting meetings with her. But already I am looking forward, with her, to letting everything in the *Ring* take its course towards the words: "Ruhe, ruhe, du Gott."

The musical stage of the second half of this century found in Dame Gwyneth Jones one of its greatest protagonists. The miracle of her lasting artistic presence lies in that momentary unforgettable presence of the timeless destiny of the opera figures she embodies, ladylike or sylphlike, tender or wild, feminine, always humane, and always in a very personal manner. It is this personal implicity that probably explains what seems so incredible – that she is, and remains, young.

Ma première rencontre artistique avec Gwyneth survint sous une étoile particulière. Sans la connaître à travers mon propre travail de metteur en scène, j'avais demandé à Wolfgang Wagner de lui confier l'Elisabeth *et* la Vénus du *Tannhäuser,* en 1972, à Bayreuth. Son accord conféra un sens tout particulier à mon concept. Car Tannhäuser ne devait pas se décider entre deux femmes, ne devait pas se trouver dans cette situation traditionnelle de conflit «entre le ciel et l'enfer». Je le voyais plutôt vivre et souffrir sa quête de la liberté artistique et de la communication sociale dans la projection vers l'érotique. A cette époque-là, personne d'autre ne paraissait à même de relever ce défi de remplacer le schéma des figures féminines contraires du *Tannhäuser* par l'idée qu'Elisabeth et Vénus ne soient que les reflets d'une seule et même image de femme. Même après les tempêtes de hués contre le metteur en scène d'alors, elle souscrivit à ce concept. Ce qui fonda une relation dont l'Elsa du *Lohengrin* chante: «N'est-ce que de l'amour?»

Je pense que jamais une Elisabeth ne s'est jetée devant les épées tirées contre Tannhäuser avec une telle bravoure, et jamais elle n'a lié sa supplique à une telle accusation passionnée contre ces cœurs durs et lourds, lorsqu'elle sollicita la grâce pour celui qui venait de la blesser si profondément. Reconnaissance et admiration, Gwyneth les mérite aussi pour avoir su porter avec une émotionalité intelligente mon idée de vivre le prélude au 3e acte – le «voyage à Rome» de Tannhäuser – dans une méditation concentrée, figée, le rideau levé. Jamais quelqu'un n'a erré à travers les rangs des pèlerins comme elle, en quête du visage de l'homme aimé – à l'exception peut-être de ces femmes cherchant leurs maris, leurs fils ou leurs frères parmi les détenus libérés ou les prisonniers de guerre enfin rentrés.

Quand elle dut quitter la scène, après sa prière chantée avec tant d'intimité et de malheur, rampant comme un animal agonisant, elle se révolta elle-même. Elle se traîna quelques mètres, mais quitta la scène debout, quoique brisée. Aujourd'hui encore je suis impressionné par son consentement à intérioriser le concept et, en conséquence, par sa précaution et sa prévoyance dans la prise de conscience que l'engagement total ne devait mettre en danger la force de persuasion esthétique.

Presque vingt ans plus tard, elle est à nouveau la Brünnhilde dans ma nouvelle mise en scène londonienne du *Ring.* L'entre-deux est jalonné de nombreuses rencontres précieuses et excitantes. Mais je me réjouis d'ores et déjà de tout faire converger dans le *Ring* vers cette phrase: «Repose, repose ô Dieu.»

Le théâtre musical de la deuxième moitié de ce siècle a trouvé en Dame Gwyneth Jones une de ses très grandes protagonistes. Le miracle de sa permanence artistique est qu'elle incarne les destins intemporels des personnages d'opéra qu'elle joue dans un concret immédiat et inoubliable – comme une dame ou une jeune fille, tendre ou sauvage, féminine, humaine en tout cas et toujours de la manière la plus personnalisée. Peut-être que cet absolutisme personnel explique ce qui paraît inexplicable: qu'elle est jeune et qu'elle le demeure.

GÖTZ FRIEDRICH

Venus · Tannhäuser · 1978 · Bayreuth

Als ich in den Jahren 1962–64 am Royal Opera House in London den Wagnerschen *Ring* inszenieren durfte – Günther Schneider Siemssen schuf das Bühnenbild, und Georg Solti saß am Dirigentenpult –, fiel mir unter den zahlreichen internationalen Gesangsgrößen eine einheimische Sängerin auf, nicht nur, weil sie eine attraktive junge Person war, sondern auch, weil sie über eine Stimme verfügte, die aufhorchen ließ: ein Sopran mit einem aparten Mezzoklang, oft ein Hinweis auf eine mögliche Entwicklung zum dramatischen Fach. Ich erinnere mich noch lebhaft an ihre Musikalität, die natürlich und angeboren schien, an eine, in Anbetracht der Jugend, überraschend fortgeschrittene Stimmtechnik sowie die geschickte Art und Weise, mit der sie sich in der nicht sehr dankbaren Rolle der zweiten Rheintochter auf der Bühne bewegte: Gwyneth Jones. Was mich wohl am meisten beeindruckte, war ihr Umgang mit der deutschen Sprache. Gesangsstimme und Diktion bildeten eine Einheit – eine Qualität, die ich unter den Sängern von heute zumeist schmerzlich vermisse. Im Lauf der Probenzeit konnte ich dann feststellen, daß sie diese Sprache nicht nur beim Singen, sondern auch in der Konversation gut und fast akzentfrei beherrschte. Das sei die Folge eines Engagementjahres in der Schweiz, meinte sie. Sie erzählte mir auch, daß sie plane, die Lady Macbeth zu singen. Sogar die Leonore in *Fidelio* habe man ihr angeboten. Ich äußerte damals meine Besorgnis über die Gefahr eines Ausflugs in das hochdramatische Fach in so jungen Jahren. Aber meine Befürchtungen waren offenbar unbegründet. Wir trafen uns wieder, ein, zwei Jahre später, in München. Dorthin hatte sie der nun schon zur Legende gewordene David Webster, damals Chef des Covent Garden Operninstituts, geschickt, damit sie mit meiner Hilfe die Partie der Sieglinde gesanglich und darstellerisch erarbeite. Sie sollte die unvergleichliche Claire Watson, die diese Rolle ursprünglich in meiner Inszenierung zum ersten Mal in ihrer Laufbahn gesungen hatte und für spätere Vorstellungen nicht zur Verfügung stand, ersetzen, was Gwyneth mit einem triumphalen Erfolg auf Anhieb gelang. Anschließend an die Münchener Tage des Sieglinde-Studiums fuhren wir zusammen im Auto nach Bayreuth, wo ein Treffen mit Wieland Wagner vorgesehen war. Das damals so wie heute obligate Vorsingen auf der Bühne des Festspielhauses – der selige Leo Slezak beschreibt mit köstlichem Humor diese für ihn leider schiefgegangene Prozedur in Anwesenheit der Gralshüterin Cosima Wagner –, dieses Vorsingen war für Gwyneth so wie für so manchen Opernstar vor ihr und vermutlich auch nach ihr der Beginn einer steil nach oben führenden, ruhmreichen Laufbahn auf den Opernbühnen der Welt. Mein eigener Abschied von den großen dramatischen Rollen meines Faches in den siebziger Jahren brachte es mit sich, daß wir uns kaum mehr als Partner auf der Bühne gegenüberstanden. Aber wann immer wir uns wieder begegnen, auf meiner Seite nun mehr in meiner pädagogischen Tätigkeit, so wie in diesem Frühjahr 1990 in San Francisco anläßlich der Wiederaufnahme des dortigen Wagnerschen *Rings,* nützen wir die Gelegenheit, alte Erinnerungen wieder aufleben zu lassen.

Hans Hotter

Elisabeth · Tannhäuser · 1972 · Bayreuth

Elisabeth · Tannhäuser · 1972 · Bayreuth

Here is a performer, who looks terrific in the role, understands the character, knows the vocal gestures that will bring it to life, and commands the stage at every moment – opera like it used to be, and the audience went wild.

Elisabeth · Tannhäuser · 1973 · Bayreuth

Hier ist eine Künstlerin, die phantastisch aussieht in der Rolle, die Figur versteht, die stimmlichen Gesten kennt, die sie zum Leben erwecken, und die Bühne jeden Moment beherrscht – Oper, wie sie früher war –, und das Publikum tobte.

Voilà une interprète, qui endosse magnifiquement le rôle, comprend le personnage, connaît les mouvements vocaux qui lui donneront vie et qui, à chaque instant, dirige la scène – de l'opéra comme on avait l'habitude d'en entendre. Et l'auditoire entra en délire.

PETER G. DAVIS

When I had the chance to produce Wagner's *Ring* at the Royal Opera House in London in 1962–64 (Günther Schneider Siemssen created the stage sets and Georg Solti was the conductor) a native singer stood out for me among the numerous international great singers – not only because she was a very attractive young person, but also because she had a voice that simply had to be heard. A soprano with a distinctive mezzo tone – often an indication for a potential development to dramatic roles. I still remember clearly her musicality that appeared utterly natural and inherent, and (in view of her youth) a surprisingly advanced vocal technique and skilled manner with which she moved about on stage – in the not very thankful role of second Rhine maiden. Gwyneth Jones! What impressed me most was her handling of the German language. Singing voice and diction formed a perfect unity. It is a quality that I frequently miss in singers of today. During rehearsal I was able to discover that she mastered this language not only in singing but also in conversation – extremely well and almost without a trace of accent. This was the result of a year's engagement in Switzerland, she said. She also told me that she planned to sing Lady Macbeth and that she had even been offered Leonore in *Fidelio.* I mentioned my fear at the danger of taking on highly dramatic roles at such a tender age. But my fears were evidently unfounded. We were to meet again two years later in Munich. She had been sent there by the now legendary David Webster, at that time Head of the Covent Garden Opera, so that, with my help, she could work on singing and acting the role of Sieglinde. She was to replace the unforgettable Claire Watson who had originally sung this role in my production for the first time in her career and who was no longer available for later performances. Gwyneth managed this with a triumphant success at first go. At the end of the Munich days of studying Sieglinde we drove together to Bayreuth where a meeting with Wieland Wagner was planned. This was for the obligatory audition on the stage of the Festspielhaus. (The late Leo Slezak described this procedure with delightful humour. He himself had failed so miserably in the presence of Cosima Wagner, keeper of the Holy Grail.) For Gwyneth – as for many an opera star before and after her – this was the beginning of a steep upward climb to a famous career on the opera stages of the world. My own departure from the great dramatic roles in the seventies meant that we hardly ever met again as partners on the same stage. But whenever we meet again now (on my part more often in my pedagogic activity) as this spring of 1990 in San Francisco on the occasion of the revival of Wagner's *Ring,* we take the opportunity of renewing old and dear memories.

Lorsque je pus, dans les années 1962–64, mettre en scène *l'Anneau* de Wagner au Royal Opera House de Londres – Günther Schneider Siemssen créa les décors et Georg Solti s'assit au pupitre –, une chanteuse du pays me frappa parmi les nombreuses gloires internationales du chant, non seulement parce qu'il s'agissait d'une jeune personne attrayante, mais aussi parce qu'elle disposait d'une voix que l'on n'oublie pas: un soprano au timbre mezzo original, ce qui laisse souvent présager une évolution vers le genre dramatique. Je me souviens bien de sa musicalité qui paraissait naturelle et innée, de sa technique vocale étonnament avancée pour son jeune âge ainsi que de sa facilité d'évolution dans le rôle pas vraiment gratifiant de la deuxième fille du Rhin: Gwyneth Jones.

Ce qui m'impressionna probablement le plus, ce fut son usage de la langue allemande. Voix et diction formaient une unité; une qualité qui, de nos jours, fait trop souvent cruellement défaut aux chanteurs. Au cours des répétitions, je remarquai aussi qu'elle maîtrisait cette langue non seulement dans le chant mais également dans la conversation et ce, presque sans accent. Le résultat d'une année d'engagement en Suisse, me dit-elle. Elle me raconta aussi qu'elle projetait de chanter Lady Macbeth. On lui aurait même proposé la Leonore du *Fidelio.* A l'époque, j'exprimai mon inquiétude face aux risques d'une excursion dans le genre hautement dramatique à un âge si jeune. Mais apparemment, mes craintes furent infondées. Nous nous rencontrâmes à nouveau à Munich un ou deux ans plus tard. C'est là que le désormais légendaire David Webster, à l'époque directeur de l'institut d'opéra de Covent Garden, l'avait envoyée afin qu'elle prépare, avec mon aide, le rôle de Sieglinde, tant au niveau vocal que dans l'interprétation. Elle devait remplacer l'inoubliable Claire Watson qui, initialement, avait chanté ce rôle pour la première fois de sa carrière dans ma mise en scène.

Elle n'était pas disponible pour des représentations ultérieures et Gwyneth réussit du premier coup, avec un succès triomphal. Au terme de ces journées d'étude, nous prîmes ensemble la voiture pour aller à Bayreuth où une rencontre avec Wieland Wagner était prévue: Ces célèbres auditions, jadis, comme aujourd'hui, obligatoires sur la scène du Festspielhaus et que feu Leo Slezak décrit avec un humour délicieux, bien que, pour lui, cette procédure en la présence de la gardienne du gral, Cosima Wagner, se soit soldée par un échec. Cette audition fut pour Gwyneth, comme pour bien des stars de l'opéra avant et probablement encore après elle, le début d'une glorieuse ascension sur les scènes du monde entier. Mon propre retrait, dans les années septante, des grands rôles dramatiques de mon répertoire eut pour conséquence que nous ne nous rencontrions plus guère sur scène, en tant que partenaires. Mais chaque fois que nous nous revoyons, moi dans le cadre de mes activités pédagogiques, comme par exemple au printemps 1990 à San Francisco, à l'occasion de la reprise de *l'Anneau,* nous en saisissons l'opportunité afin de rafraîchir nos vieux souvenirs.

Hans Hotter

Elisabeth · Tannhäuser · 1978 · Bayreuth

D'où vient que tout à coup se concentre tout le destin de cette femme dans cette figure blanc et or cassée?

Cela vient de ce que la cantatrice a atteint le nœud, le point de rebroussement sur la trajectoire de son rôle. Elle a longuement préparé cet instant, longuement composé ce rôle, jusqu'à cette limite, ici et maintenant et elle le redéploiera ensuite jusqu'à sa mortelle royauté. En ce point même, elle vient de décrire ce très long rôle comme un maître zen, d'un tour de pinceau, trace son court calligramme. C'est une danse consciente, une chorégraphie continue.

L'avouerons-nous? Gwyneth Jones résout ainsi un problème de dramaturgie. Comme dans de nombreuses pièces du théâtre allemand où les héroïnes ne sont pas toujours très gâtées, nous ne pénétrons guère dans l'âme de la Brünnhilde de Wagner. Même le mystère y manque. Avez-vous déjà rencontré des vierges guerrières? Trouvez-vous naturel qu'à la vue du corps de Siegfried, autour duquel Hagen et Gunther se chamaillent, sa seule démarche à elle soit d'arriver de loin «d'un pas ferme et solennel» et d'entamer sans une larme la déploration dernière du héros? Le monde de son père et l'empire de ses runes ont-ils déjà réintégré son âme, et la toute sachante sagesse règne-t-elle déjà sur sa douleur? Est-il temps déjà d'attester les Célestes? La veuve indienne n'éclipse-t-elle pas trop vite l'épouse blessée, l'amante énamourée, la petite fille à la lance? Debussy remarque avec une grande finesse: «Dans ce même drame, Brünnhilde, la vierge forte, se laisse monter le coup par Hagen et Gunther comme une innocente petite communiante. Ce n'est vraiment pas la peine d'être la fille d'un Dieu... Puis elle a aimé Siegfried, ce héros militaire, si fier de sa belle cuirasse; il est un peu son frère... Devait-elle donc se venger et le trahir avec aussi peu de grandeur? Et d'avoir perdu son essence divine excuse-t-elle ces manières de bonne enfant trompée? Une divine inconséquence lui permettra quelques instants plus tard, le temps de supprimer Siegfried, de venir déclarer qu'elle était seule digne de planer sur ce corps et de faire les gestes nécessaires.»

Il revient donc à l'aisance de l'actrice d'assurer le legato du rôle, là où Richard Wagner manqua au cœur féminin.

«Avec ses vêtements ondoyants et nacrés
Même quand elle marche on croirait qu'elle danse.»

Comment fait-elle en effet? Elle joue de l'espace. Elle sait enchaîner la tendresse dans le désarroi, fondre la détresse dans la royauté; sa grâce rend vraisemblables ses changements d'humeur; les défauts du livret sont comblés parce que ses gestes peignent le rôle dans l'espace, comme si, sortant du Ring, Brünnhilde devenait Gwyneth Jones. Le mouvoir du corps donne alors accès et continuité à ces étapes sur le chemin de la vie.

Et puis le timbre de sa voix, cette voix, comme si nous l'entendions depuis toujours en nous. «Ewig war ich, ewig bin ich», dit cette voix. Freud disait de Sarah Bernhardt: «Mais la voix de Sarah! Dès que j'entendis ses premières répliques dites de sa voix vibrante et adorable, je sentis que je la connaissais depuis des années... Je crus immédiatement tout ce qu'elle disait.»

Raison suprême, lorsque nous voyons l'alcyon aux ailes battues, à la gorge pliée, rendu sans voix, pour prendre notre part de sa douleur inexpiable.

François Regnault

Brünnhilde · Die Walküre · 1976 · Bayreuth

Brünnhilde · Die Walküre · 1976 · Bayreuth (Peter Hofmann · Donald McIntyre) · Produktion Patrice Chéreau/Richard Peduzzi

To sum up, singing must be the most important thing in your life ... you must feel this is what you were born for.

Zusammenfassend muß Singen das Wichtigste in deinem Leben sein ... du mußt spüren, daß du dazu geboren wurdest.

Pour résumer, chanter doit être la chose la plus importante dans votre vie ... vous devez sentir que ceci est ce pour quoi vous êtes nées.

GWYNETH JONES

Woher kommt es, daß sich plötzlich alles auf das Schicksal dieser Frau konzentriert – in dieser Frau in Weiß, in dieser zerbrochenen Frau?

Das kommt daher, weil die Sängerin auf den Knotenpunkt gekommen ist, auf diesen Punkt der Rückkehr in die Flugbahn ihrer Rolle. Sie hat diesen Moment lange vorbereitet, sie hat diese Rolle lange zusammengesetzt bis hin zu dieser Grenze: Von hier ab und jetzt wird sie sich wieder entfalten bis hin zu ihrer tödlichen Königswürde. In diesem Kernpunkt aber beschreibt sie diese sehr lange Rolle wie ein Meister des Zen, entwirft wie mit einem Pinselstrich ihr kurzes Kalligramm. Das ist ein Bewußtseinstanz, eine fortgeführte Choreographie.

Wollen wir es uns eingestehen? Gwyneth Jones löst damit ein dramaturgisches Problem. Wie in vielen Stücken des deutschen Theaters, in denen die Heroinen nicht ganz so schrecklich aufgesetzt sind, können wir uns kaum in die Seele Brünnhildes hineinversetzen. Sogar das Mysterische ist abhanden gekommen. Haben Sie jemals schon jungfräuliche Kriegerinnen gesehen? Finden Sie es natürlich, daß – beim Anblick der Leiche Siegfrieds, um den herum sich Hagen und Gunther streiten – die einzige Art und Weise, wie sie aus dem Hintergrund auf den Vordergrund zugeht, »fest und feierlich« sein muß? Daß sie ohne eine einzige Träne die Beweinung des letzten Helden einleiten soll? Haben die Welt ihres Vaters und das Reich seiner Runen ihre Seele schon wieder eingefangen? Herrscht über ihrem Schmerz schon wieder die ganze wissende Weisheit? Ist es schon so weit, den Himmel zum Zeugen anzurufen? Überstrahlt die indische Witwe nicht allzu schnell die verwundete Frau, die verliebte Geliebte, das kleine Mädchen mit dem Speer? Debussy bemerkt mit großer Feinfühligkeit: »Im gleichen Drama läßt sich Brünnhilde, die starke Jungfrau, von Hagen und Gunther wie eine kleine Erstkommunikantin hinters Licht führen. Dazu braucht man wahrhaftig nicht Tochter eines Gottes zu sein! Zuvor hatte sie Siegfried geliebt, diesen kampfeswütigen Helden, der so stolz ist auf seinen schönen Panzer; er ist so etwas wie ihr Bruder... Mußte sie sich dann rächen und kleinlichen Verrat an ihm üben? Ist der Verlust ihrer göttlichen Natur eine Entschuldigung dafür, sich wie ein betrogenes kleines Mädchen zu benehmen? Mit göttlicher Inkonsequenz erklärt sie etwas später, wenn es um die Beisetzung Siegfrieds geht, daß nur sie würdig sei, über den Toten zu verfügen und die notwendigen Verrichtungen zu tun.«

Es kommt also auf die Leichtigkeit der Sängerin an, das Legato der Rolle zu behaupten, dort, wo Richard Wagner sich im Herzen der Frau getäuscht hat.

»In ihren wogenden und schillernden Gewändern – selbst wenn sie schreitet, ist es, als tanze sie.«*

Wie macht sie das eigentlich? Sie spielt über den Spielraum hinaus. Sie versteht es, Zärtlichkeit mit Verwirrung zu verknüpfen, die tiefe Traurigkeit in königlicher Würde zu verschmelzen, ihre Grazie macht die Veränderung in ihren Stimmungen wahrscheinlich. Die Fehler des Textbuches werden zugeschüttet, weil ihre Gesten die Rolle aus ihrer Begrenztheit hinaus in den Raum schieben. Es ist so, als ob Brünnhilde aus dem »Ring« hinausgeht und zu Gwyneth Jones wird. Der in Bewegung gesetzte Körper erlaubt uns den Zugang und die Kontinuität zu diesen Etappen auf dem Weg dieses Lebens.

Und dann das Timbre ihrer Stimme – diese Stimme, die so ist, als hätten wir sie schon immer in uns gehört. »Ewig war ich, ewig bin ich«, sagt diese Stimme. Freud sagte über Sarah Bernhardt: »... wie spielt diese Sarah! Nach den ersten Worten einer innigen lieben Stimme war mir, als hätte ich sie seit jeher gekannt... Ich habe ihr sofort alles geglaubt.«

Gäbe es noch mehr Gründe dafür, daß wir – wenn wir die Seeschwalbe mit zerschlagenen Flügeln sehen, mit ihrem geknickten Hals und stumm geworden – Anteil nehmen an ihrem unsühnbaren Schmerz?

* Charles Baudelaire, aus: »Sed non satiata«, in: »Die Blumen des Bösen«

Why is it that suddenly everyone is concentrating on the destiny of this woman, this woman in white, this broken woman?

It is because the singer has arrived at the nodal point, at the point of return to the orbit of her role. She has long prepared for this moment. She has long put this role together right to its limits. From here and now she will develop to her deathly royal divinity. In this core point she describes this very long role like a Zen master; designs her short calligram with a brush stroke. This is an instance of consciousness, a continuation of choreography.

Shall we have to admit it to ourselves? Gwyneth Jones is thereby solving a dramatic problem. As in many plays of the German theatre in which the heroines are not exposed quite so terribly we are hardly able to transpose ourselves into Brünnhilde's soul. Even the mysterious has disappeared. Have you ever seen virgin warriors? Do you find it natural that – on looking at Siegfried's body, around which Hagen and Gunther are fighting – the only way she can approach the foreground from the back should be "firm and ceremoniously"?

And that, without shedding one tear, she should initiate the mourning of the hero? Has her father's world and the realm of his runes already captivated their souls again? Does the whole knowing wisdom prevail over their pain? Is it already time to call on heaven to be witness? Does not the Indian widow too quickly outshine the wounded woman, the loving lover, the little girl with the lance? Debussy has remarked with great sensitivity: "In the same drama Brünnhilde, the strong virgin, allows herself to be deceived by Hagen and Gunther like a little girl at her first communion? For this, one really need not be the daughter of a god! Previously she had loved Siegfried, this warring hero who is so proud of his beautiful armour; to her he is like a brother... Does she have to avenge herself and pettily betray him? Is the loss of her godly nature an excuse to behave like a little girl? With the inconsistency of a God she later declares at Siegfried's funeral that only she is worthy of disposing over the dead and carrying out the necessary officiation."

It is therefore a matter of the singer's ability to maintain the legato of the role where Richard Wagner was mistaken about the heart of a woman.

"In her flowing and glittering dress – even when she strides it looks as if she were dancing."*

How does she do it? She acts beyond the scope. She manages to link tenderness with confusion; to fuse deep sadness with royal dignity; her grace makes the change in her mood plausible. The errors in the libretto are covered up because her gestures transpose the role from its limits into the auditorium. It is as if Brünnhilde stepped out of the *Ring* and became Gwyneth Jones. The body set in motion allows us access and continuity to these stages on the way through life.

And the timbre of her voice – the voice which is as though we had always heard it within ourselves. "Eternal was I, eternal am I," says the voice. Freud once said of Sarah Bernhardt: "..how this Bernhardt acts! After the first words of a tender inner voice it was as though I had known her forever... I immediately believed everything she said."

Are there any more reasons for us to sympathize with her inatonable grief – when we see the sea-swallow with battered wings, with its broken neck, now mute?

François Regnault

* Charles Baudelaire, from "Sed non satiata" in "The Flowers of Evil"

Brünnhilde · Siegfried · 1976 · Bayreuth (René Kollo)

Brünnhilde · Götterdämmerung · 1980 · Bayreuth · Produktion Patrice Chéreau/Richard Peduzzi

Wer durch Musik ergriffen, vielleicht erschüttert wurde, kann nicht immer sagen, woran es gelegen hat. In einigen Fällen wußte ich es. Zwei will ich nennen.

Gwyneth Jones als Brünnhilde in der Bayreuther *Ring*-Inszenierung von Chéreau. Als wäre es keine Opernrolle, sondern ihre eigene Lebenskatastrophe, so stand sie auf der Bühne. Keinen Augenblick opferte sie für einen schönen Ton ihre Glaubwürdigkeit.

Das andere Mal war so ganz anders. Der übliche Rahmen eines sogenannten großen Abends fehlte: die Bühne der Weltklasse mit Staatsorchester und Garderobe, Honoraren und Eintrittspreisen. Statt dessen das Wohn- und Musikzimmer eines Vororthauses in der Nähe von Dresden, ein Flügel und zusammengerückte Stühle für fünfzig Zuhörer.

Gwyneth Jones sang die Wesendonk-Lieder. Durch die Verbindung von liebenswerter Bescheidenheit und äußerster Intensität wurde es dann einer der ganz großen Abende, für die ich der Musik und dieser Künstlerin zu danken habe.

Brünnhilde · Siegfried · 1980 · Bayreuth

If one has been moved by music, or perhaps even deeply shaken, one is not always able to explain just where the rapture lay. In some cases I knew. I will name two of them:

Gwyneth Jones as Brünnhilde in the Bayreuth *Ring* directed by Chéreau. She stood on the stage as though it were no opera role but her own life's catastrophe. Not for one moment did she sacrifice her credibility for a single beautiful tone.

The other time was quite different. The usual setting of a so-called "great" evening was missing; there was no world-class stage with state orchestra and wardrobe, nor fees or admission tickets. Instead – the living-room and music-room of a suburban house near Dresden. There was simply a grand piano. And the chairs were placed close together to seat an audience of fifty.

Gwyneth Jones sang the Wesendonk Lieder. Through endearing modesty and extreme intensity it turned out to be one of the "great" evenings – for which I have the music and this artist to thank.

Celui qui a été saisi, peut-être bouleversé par la musique ne sait pas toujours pourquoi. Parfois, je l'ai su. Je citerai deux cas.

Gwyneth Jones en Brünnhilde dans la mise en scène du *Ring* de Chéreau à Bayreuth. Comme s'il ne s'agissait pas d'un rôle d'opéra, mais de la catastrophe de sa propre vie; c'est ainsi qu'elle se montra sur scène. Pas un seul instant, elle n'aurait sacrifié sa crédibilité pour une belle note.

Le deuxième cas fut tout à fait différent. Le cadre habituel d'une soi-disante grande soirée faisait défaut: la scène des meilleurs du monde avec orchestre d'Etat et costumes, cachets et prix d'entrée. En lieu et place le séjour – salle de musique d'une maison de banlieue non loin de Dresde, un piano à queue et des chaises serrées pour cinquante auditeurs.

Gwyneth Jones chanta les lieder de Wesendonk. La combinaison entre affectueuse modestie et extrême intensité en fit une de ces très grandes soirées, et je dois en remercier la musique et cette artiste.

LORIOT · VICCO VON BÜLOW

Brünnhilde · Siegfried · 1980 · Bayreuth

Ich habe keine Worte, um diese fünf Jahre zu beschreiben. Das war eines der wichtigsten Erlebnisse meines Lebens, mit Dir arbeiten zu können. Du warst der Stein, auf den ich meinen *Ring* gebaut habe. Das werde ich nicht vergessen.

Von ganzem Herzen, danke zu Dir und zu Deiner großen Kunst, danke Deiner Energie und für alles, das Du uns gegeben hast.

I have no words with which to describe these five years. It was one of the most important experiences of my life to be able to work with you. You were the stone on which I built my *Ring*. I shall never forget that.

From the bottom of my heart I thank you and I thank your great art. Thanks for your energy and for everything that you gave us.

Je ne trouve pas les mots pour décrire ces cinq années. Pouvoir travailler avec toi fut une des plus importantes expériences de ma vie. Tu fus la pierre sur laquelle je construisis mon *Ring*. Je ne l'oublierai jamais.

De tout mon cœur, merci à toi et à ton art immense, merci à ton énergie et à tout ce que tu nous as donné.

PATRICE CHÉREAU

The first cycle of the *Ring* performances is happily over, and I think we can all be very proud of the result. I want to thank you personally for your share in it – a considerable one – and for the really magnificent work you continue to contribute. Thank you also for putting up with the strenuous schedule of the *Götterdämmerung* production.

Der erste Zyklus der *Ring*-Vorstellungen ist glücklich vorbei, und ich glaube, wir alle können stolz sein auf das Ergebnis. Ich möchte Dir persönlich für Deinen Anteil daran – ein bedeutender! – danken und für die großartige Arbeit, die Du auch weiterhin beiträgst. Herzlichen Dank auch dafür, daß Du den anstrengenden Arbeitsplan der *Götterdämmerung*-Produktion so geduldig erträgst.

Le premier cycle de *l'Anneau* s'est bien terminé, et je pense que nous pouvons tous être fiers du résultat. Je voudrais te remercier personnellement de ta contribution – une contribution considérable – et de ce travail vraiment magnifique que tu continues de fournir. Merci également d'avoir accepté l'horaire astreignant de la production du *Götterdämmerung.*

PIERRE BOULEZ

Brünnhilde · Götterdämmerung · 1976 · Bayreuth

Brünnhilde · Götterdämmerung · 1980 · Bayreuth

Brünnhilde · Götterdämmerung · 1980 · Bayreuth

Brünnhilde · Götterdämmerung · 1990 · San Francisco

En scène, c'est une torche, une tigresse, une epée.

Auf der Bühne ist sie eine Fackel, eine Tigerin, ein Schwert.

On the stage she is a torch, a tiger, a sword.

SYLVIE DE NUSSAC

Über Gwyneth Jones zu schreiben bedeutet Worte finden für Anerkennung und Bewunderung. Sie ist eine Sängerin, die alle Tugenden vereinigt, die heute leider zunehmend abhanden kommen: Verläßlichkeit, Freude an künstlerischer Arbeit und Bescheidenheit.

Wenn es wahr ist, daß alle wirklichen Könner frei von Allüren sind, so trifft dies auf sie in besonderem Maße zu. Ihre kameradschaftliche Einordnung in ein Ensemble, ihre Präsenz auf der Bühne und ihre große Musikalität machen ihren besonderen Rang unter den heutigen Sängern aus.

Ihr Repertoire ist wirklich einmalig. In den 25 Jahren, in denen sie in Wien fast 400 Vorstellungen gesungen hat, war sie in 28 verschiedenen Partien zu sehen. Partien des italienischen Repertoires wie Aida, Amelia, Desdemona, Elisabetta, Leonore, Cho-Cho-San, Tosca, Turandot und Santuzza beherrscht sie ebenso wie die großen Partien des deutschen Faches, Wagner und Strauss, mit denen sie berühmt geworden ist: Brünnhilde, Sieglinde, Elisabeth, Eva, Kundry, Senta, Isolde. Und selbstverständlich ist sie Ariadne, Chrysothemis und Elektra, Salome, Octavian und Marschallin, Ägyptische Helena, Färberin in *Frau ohne Schatten* von Strauss. Ihre beliebteste Partie ist jedoch die *Fidelio*-Leonore, mit der sie immer wieder Triumphe feiert.

Ihre Wandlungsfähigkeit grenzt ans Wunderbare. Schlichte Mädchenhaftigkeit wie heroische Attitüde, hintersinnige Charaktergestalten und große Liebende bilden den reichen Fächer ihrer Bühnenkunst.

Ihre Lebensleistung in Wien wurde mit dem Titel der Kammersängerin und der Ehrenmitgliedschaft gewürdigt. Gwyneth Jones steht im Zenit ihrer Kunst. Ihre Gesangstechnik und ihre Verwandlungsgabe werden sie noch lange befähigen, ihr reiches Repertoire zu singen. Was würde die Wiener Staatsoper ohne eine Künstlerin wie Gwyneth Jones machen?

To write about Gwyneth Jones means to find words with which to express the highest recognition and admiration. She is a singer uniting all the virtues which are unfortunately very rare today: reliability, pleasure in artistic work and modesty.

If it is true that all real masters are free from overt allure then this is particularly apt for her. Her friendly involvement with an ensemble; her presence on the stage and her great musicality give her a very special rank among today's singers.

Her repertoire is really unique. In the twenty-five years in which she has sung in nearly 400 performances in Vienna, she has played twenty-eight different roles. She has mastered roles in the Italian repertoire such as Aida, Amelia, Desdemona, Elisabetta, Leonore, Cho-Cho-San, Tosca, Turandot, and Santuzza as well as the German characters by Wagner and Strauss with which she became famous – Brünnhilde, Sieglinde, Elisabeth, Eva, Kundry, Senta, and Isolde. And, naturally, she is also Ariadne, Chrysothemis and Elektra, Salome, Octavian and Marschallin, Egyptian Helena and Dyer's Wife in *Die Frau ohne Schatten* by Strauss. Her most popular role, however, is Leonore in *Fidelio* – a role with which she always celebrates triumphs.

Her talent for transformation knows no bounds. Simple girlishness or heroic stances; devious character figures or great lovers – they all form part of the rich span of characters in her stage art.

Her life's work in Vienna has been honoured with the title of "Kammersängerin" and "Honorary Member". Gwyneth Jones is at the apex of her art. Her singing technique and her talent as an actress will enable her to perform her rich repertoire for a long time. What would the Vienna State Opera do without an artist like Gwyneth Jones?

Ecrire sur Gwyneth Jones signifie trouver des mots de reconnaissance et d'admiration. Elle est une cantatrice qui réunit toutes les vertus qui, aujourd'hui, se font malheureusement de plus en plus rare: fiabilité, plaisir du travail artistique et modestie.

S'il est vrai que les véritables maîtres ne sont pas capricieux, ceci est particulièrement juste dans son cas. Son sens de la solidarité dans un ensemble, sa présence scénique ainsi que sa grande musicalité lui attribuent une place de choix parmi les chanteurs d'aujourd'hui.

Son répertoire est vraiment unique. Durant ses 25 années à Vienne, elle chanta 28 rôles différents dans presque 400 représentations. Elle maîtrise tout autant des rôles du répertoire italien, par exemple Aida, Amélia, Desdemona, Elisabetta, Léonore, Cho-Cho-San, Tosca, Turandot et Santuzza, que les grands rôles de l'œuvre allemande (Wagner et Strauss) qui firent sa gloire: Brünnhilde, Sieglinde, Elisabeth, Eva, Kundry, Senta, Isolde. Il va de soi qu'elle joue dans les œuvres de Strauss les Ariadne, Chrysothémis et Elektra, les Salomé, Octavian et Maréchale, les Hélène d'Egypte et la Teinturière de la *Femme sans ombre.* Sa partie préférée demeure toutefois la Léonore du *Fidelio,* un triomphe partout et toujours.

Sa capacité de métamorphose est à la limite du miracle. Jeune fille simple ou héroïne orgueilleuse, caractère complexe et grande amoureuse, forment le riche éventail de son art scénique.

Son œuvre à Vienne fut honorée par le titre de cantatrice ainsi que de membre d'honneur de la troupe. Gwyneth Jones est au zénith de son art. Sa technique vocale et son don d'adaptation lui permettront, pour longtemps encore, de chanter son riche répertoire. Que ferait le Staatsoper de Vienne sans une artiste comme Gwyneth Jones?

Claus Helmut Drese

Ariadne · Ariadne auf Naxos · 1977 · München

Her auspicious career has included almost every major part in the operas of Verdi, Puccini, Wagner and Richard Strauss, culminating in her Elektra, which won golden opinions at the end of last season, and Turandot, a role that she has made very much her own with her large-scale singing and her imaginative acting, which has always been a hallmark of her performances.

Ihre glückliche Karriere schloß beinahe jede Hauptrolle der Opern von Verdi, Puccini, Wagner und Richard Strauss mit ein und gipfelte in ihrer Elektra, die am Ende der letzten Spielzeit reiches Lob erntete, und in der Turandot, einer Rolle, die sie sich gänzlich zu eigen gemacht hat – denn das breite Spektrum ihres Gesangs und ihre phantasievolle Schauspielkunst waren schon immer Kennzeichen ihrer Auftritte.

Placée sous les meilleures auspices, sa carrière a compris pratiquement tous les principaux rôles des opéras de Verdi, Puccini, Wagner et Richard Strauss, pour culminer dans son interprétation d'Elektra qui suscita les plus grands éloges à la fin de la saison dernière, et dans Turandot, un rôle qu'elle a fait sien grâce à l'ampleur de son registre vocal et à une imagination dans le jeu qui marqua toujours, comme une griffe, ses représentations.

Alan Blyth

Although still a young woman, Dame Gwyneth is something of an institution, and a much-loved one.

Bien qu'elle ne soit encore qu'une jeune femme, Gwyneth fait presque figure d'institution, de celle que l'on aime profondément.

Dame Gwyneth ist zwar noch jung, aber trotzdem so etwas wie eine Institution und eine sehr beliebte dazu.

Rodney Milnes

Chrysothemis · Elektra · 1977 · London (Carlos Kleiber · Donald McIntyre)

Begegnungen mit einer Künstlerin, die sich dem Wahren, Schönen und Guten widmet:
Gent 1968 · Verdi-Arien, gesungen von einer jungen Waliserin mit dem Covent Garden Orchestra, eine warme, großzügige Stimme – so muß Teresa Stolz geklungen haben.

Bayreuth 1976 · Eine Mensch gewordene Brünnhilde, perfektes Medium zwischen Richard Wagner und dem Bayreuth revolutionierenden Team Pierre Boulez und Patrice Chéreau. Nach dem Jauchzen eines verwöhnten Kindes das Mitleid in der Begegnung mit dem menschlichen Leiden – nach dem Jubel über die Göttlichkeit der menschlichen Liebe der Schmerz und die Verzweiflung – wie ein verwundeter Schwan – über das Böse und Verräterische im Menschen.

Brüssel 1981 · Die Wesendonk-Lieder, mit denen ein neues Orchester aus der Taufe gehoben wird, bezwingend in der Eindringlichkeit des Ausdrucks, danach Unterhaltung mit den Damen der High-Society mit amüsanten Geschichten aus einer schönen, reichen Karriere, damit diese die neue Opernführung großzügig unterstützen.

Brüssel 1985 · Die gesamte Partie der Isolde wird bei der ersten Klavierprobe mit voller Stimme durchgesungen, damit der junge Dirigent, der seinen ersten *Tristan* dirigiert, spürt, was aus dem Zusammenspiel entstehen kann.

Brüssel 1986 · Ein kurzer Anruf genügt, damit sie – zwischen zwei *Elektra*-Vorstellungen in Genf – vor dem König und der versammelten Regierung das renovierte Brüsseler Opernhaus mit der Auftrittsarie der Elisabeth eröffnet.

November 1990 · Über 50 gestaltete Rollen – neue Wunschliste von Partien reichend von Gluck bis Strawinsky und Bartók. Riesenerfolg mit *La voix humaine,* worin sie neue Bereiche ihrer Stimme und Gestaltung erforscht.

Meetings with an artist who is dedicated to truth, beauty and goodness:
Gent 1968 · Verdi arias, sung by a young Welsh girl with the Covent Garden Orchestra. A warm generous voice. This is how Teresa Stolz must have sounded.

Bayreuth 1976 · Brünnhilde has come to life. A perfect medium between Richard Wagner and the team that revolutionized Bayreuth – Pierre Boulez and Patrice Chéreau. After the joyous cries of a spoilt child, the pity in the confrontation with human suffering – after the rejoicing over the godliness of human love, the grief and the despair – like a wounded swan – over the evil and betrayal in man.

Brussels 1981 · The Wesendonk Lieder, with which a new orchestra was launched, masterful in the forcefulness of expression – followed by entertaining the ladies of high society with amusing stories of a beautiful rich career, so that these generously support the new opera management.

Brussels 1985 · The entire role of Isolde is sung at the first piano rehearsal with full voice so that the young conductor, who is conducting his first *Tristan*, can feel how the cooperation will turn out.

Brussels 1986 · A short telephone call suffices for her – between two *Elektra* performances in Geneva – to open the renovated Brussels Opera House in front of the King and the government with Elisabeth's entrance aria.

November 1990 · More than 50 roles created, a new list of desired roles, that run from Gluck to Stravinsky and Bartók. Huge success with *La voix humaine* in which she examines new ranges of her voice.

Recontres avec une artiste dédiée à la vérité, à la beauté et à la bonté:
Gand 1968 · Des arias de Verdi, chantés par une jeune Galloise, en compagnie du Covent Garden Orchestra. Une voix chaleureuse et généreuse, c'est ainsi que devait sonner Teresa Stolz.

Bayreuth 1976 · Une Brunehilde devenue humaine, médium parfait entre Richard Wagner et cette équipe qui révolutionna Bayreuth, Pierre Boulez et Patrice Chéreau. Après les cris de joie de l'enfant gâté, la pitié suite à la rencontre de la souffrance humaine. Après la joie face à la divinité de l'amour humain, la douleur et le désespoir – tel un cygne blessé – face au mal et à la traîtrise de l'homme.

Bruxelles 1981 · Les lieder de Wesendonk, baptême du feu d'un nouvel orchestre, captivante dans l'insistance de l'expression. Ensuite conversation avec les dames de la société au sujet des histoires amusantes d'une belle et riche carrière afin que celles-ci soutiennent généreusement la nouvelle direction de l'opéra.

Bruxelles 1985 · Dès la première répétition au piano, la totalité de la partie d'Isolde est chantée à pleine voix, pour que le jeune chef d'orchestre, conduisant son premier *Tristan*, sente ce que peut donner l'ensemble.

Bruxelles 1986 · Un petit coup de fil suffit pour qu'elle vienne – entre deux représentations d'*Elektra* à Genève – inaugurer, en présence du roi et du gouvernement réuni, l'opéra rénové de Bruxelles en y chantant l'aria d'ouverture d'Elisabeth.

Novembre 1990 · Plus de 50 rôles déjà interprétés; nouvelle liste de vœux allant de Gluck à Strawinsky en passant par Bartók. Immense succès avec *La voix humaine* dans laquelle elle explore de nouvelles régions de sa voix et de son interprétation.

GÉRARD MORTIER

Poppea · Incoronazione di Poppea · 1978 · Paris

Unser Lebensweg hat sich unendlich oft gekreuzt, und ich war von Dir (um mit dem *Rosenkavalier* zu sprechen) »enchantiert«, wann immer ich das Glück hatte, einer Aufführung, unserer Aufführung, beizuwohnen. Die Qualität der Darstellung, die Intensität des Spieles und der daraus resultierende Ausdruck des Musikalischen entsprechen in jeder Weise der Theorie von Felsenstein, »daß der Mensch erst ein Recht hat zu singen, wenn seine Emotion so stark ist, daß er sie mit Worten nicht mehr ausdrücken kann«.

Poppea · Incoronazione di Poppea · 1978 · Paris (Jon Vickers)

Our paths through life have often crossed and I was "enchanted" by you (to speak in the words of *Rosenkavalier*) whenever I had the good fortune to be present at a performance – our performance. The quality of the presentation, the intensity of the acting and the resulting expression in the music justified in every respect Felsenstein's theory, "that a person only has a right to sing if his emotion is so strong that he can no longer express it in words."

Nos chemins se sont croisés en d'innombrables occasions et (pour prendre les termes du *Chevalier à la rose*) tu m'as «enchanté», chaque fois que j'ai eu la chance d'assister à une, à notre représentation. La qualité de la performance scénique, l'intensité du jeu et l'expression musicale qui en résulte correspondent, à tous les égards, à la théorie de Felsenstein, «que l'homme n'acquiert le droit de chanter que lorsque son émotion est si forte qu'il ne peut l'exprimer par des mots».

Rolf Liebermann

Poppea · Incoronazione di Poppea · 1978 · Paris (Jon Vickers)

Beifall hast Du genug bekommen und reichlich verdient. Darum will ich Dir hauptsächlich sagen, daß ich nicht nur eine fabelhafte *Frau ohne Schatten* von Dir erleben durfte, sondern auch eine »Frau mit Charakter«, als wir in Hamburg *Walküre* probierten und ich, nach dem Bühnenunfall, unpopuläre Entscheidungen zu fällen hatte. Ich war Dir damals sehr dankbar. Es beweist sich so eben eine Persönlichkeit, und Gott sei Dank sieht und hört man dies dann auch auf der Bühne.

You've had plenty of applause – and it was richly deserved.

Therefore, I will only say that I have found you to be not only a fabulous *Woman without Shadow*, but also a "Woman with Character" when we rehearsed *Walküre* in Hamburg und when, after the stage accident, I had to make the unpopular decisions. At that time I was extremely grateful to you. A personality proves itself in this way, and thank God, one then sees and hears this on the stage.

Des applaudissements, tu en as largement reçu et ils étaient bien mérités. C'est pourquoi je tiens surtout à te dire que, pour moi, tu as non seulement été une fabuleuse *Femme sans ombre,* mais aussi une «Femme de caractère» lorsque nous avons répété la *Walkyrie* à Hambourg et que, après l'accident sur scène, j'ai dû prendre des décisions impopulaires. Ces jours-là, je t'ai été très reconnaissant. C'est là que l'on reconnaît une personnalité et, Dieu merci, cela se voit et s'entend aussi sur scène.

CHRISTOPH VON DOHNÁNYI

Of all the singers I have met, I do not know of anyone else with so much God-given talent, who works harder to improve her outstanding artistry, than Gwyneth Jones.

She often makes the impossible possible. Yes, she almost managed to sing duet with herself. I am thinking of that occasion when she in *one* evening appeared both as the Dyer's Wife and the Empress in Richard Strauss' opera *Die Frau ohne Schatten.* Only Gwyneth Jones can carry through such a heroic deed.

On top of all her artistic qualities, Gwyneth is a dear friend and a wonderful human being. She is hospitable, helpful and humorous. Only a few of the many reasons why everyone who meets her must love her.

Von all den Sängerinnen, die ich getroffen habe, ist mir keine andere als Gwyneth Jones bekannt, welche von Gott mit so viel Talent bedacht wurde und die so hart arbeitet, um ihre außergewöhnliche Kunst zu vervollkommnen.

Oft macht sie das Unmögliche möglich. Ja, es ist ihr beinahe gelungen, ein Duett mit sich selbst zu singen: Ich denke an den Anlaß, wo sie an *einem* Abend gleichzeitig die Färberin und Kaiserin in *Die Frau ohne Schatten* von Richard Strauss sang. Solch eine Heldentat kann nur Gwyneth Jones vollbringen.

Neben all ihren künstlerischen Qualitäten ist Gwyneth auch eine liebe Freundin und ein wunderbarer Mensch. Sie ist gastfreundlich, hilfsbereit und humorvoll. Dies sind nur einige von den vielen Gründen, warum alle, die ihr begegnen, sie lieben müssen.

Parmi toutes les cantatrices que j'ai rencontrées, je n'en connais aucune possédant tant de dons divins que Gwyneth Jones et travaillant plus durement pour améliorer son remarquable talent artistique.

Elle rend souvent l'impossible possible. Oui, elle parvint presque à chanter en duo avec elle-même. Je pense à cette fois où, en *une* soirée, elle apparut dans le rôle de la Teinturière et de l'Impératrice, dans l'opéra de Richard Strauss: *La femme sans ombre.* Seule Gwyneth Jones peut mener à terme un tel exploit héroïque.

Au dessus de ses qualités artistiques, Gwyneth est une amie chère et un merveilleux être humain. Elle est hospitalière, serviable et pleine d'humour. Voilà seulement une partie des raisons pour lesquelles chaque personne qui croise son chemin l'aime.

BIRGIT NILSSON

Färberin · Die Frau ohne Schatten · 1979 · Paris

First of all the respect for the work is enormous, one almost fears to approach it. One feels as a mere human somehow too small, and I have to get outside myself—leap above myself, as it were, in order to be free and to become something almost supernatural. After about twenty performances I then manage to make the great breakthrough with full conviction and extra-dimensional power—and then I become more free and more self-assured and I trust myself to do more. One has to exceed almost all limits. Then after each performance I am very shaken and astonished that I was able to set free such emotions; that I was no longer myself but that I identified totally with the character. This is why every performance for me is like new. And every time is like the first time.

Au début, le respect de l'œuvre est immense, on ose à peine s'y atteler. C'est comme si l'on était trop petit en tant qu'homme, et je dois en quelque sorte me surpasser, me dépasser, me libérer pour atteindre quelque chose de quasi métaphysique. Après une vingtaine de représentations je parviens enfin à ces grands éclats, dans une conviction totale et une force surdimensionnelle. Alors, je deviens plus libre, plus sûre de moi et je me permets chaque soir davantage. On doit faire sauter presque toutes les frontières. Aussi, après chaque représentation, je suis presque bouleversée et effrayée d'avoir été capable de libérer de telles émotions et de ne plus avoir été moi-même, mais le personnage auquel je m'identifiais. C'est pourquoi chaque représentation est comme une nouvelle représentation pour moi, chaque fois comme la première fois.

GWYNETH JONES

Färberin · Die Frau ohne Schatten · 1989 · San Francisco (Anja Silja)

Zuerst ist der Respekt vor dem Werk ungeheuer groß, man traut sich fast nicht heran. Man fühlt sich irgendwie als Mensch zu klein, und ich muß gleichsam aus mir heraus, über mich springen, um mich zu befreien und fast etwas Überirdisches zu bekommen. Nach etwa zwanzig Vorstellungen gelingen mir dann die großen Ausbrüche mit voller Überzeugung und überdimensionaler Kraft, und ich werde immer freier und selbstsicherer und traue mir immer mehr zu. Man muß fast alle Grenzen sprengen. Dann bin ich nach jeder Vorstellung fast erschüttert und erschrocken, daß ich fähig war, solche Emotionen freizusetzen, und nicht mehr ich selbst war, sondern mich völlig mit der Figur identifiziert habe. Daher ist jede Vorstellung für mich wie neu, jedes Mal ist es wie zum ersten Mal.

Färberin · Die Frau ohne Schatten · 1989 · San Francisco

Dich, Gwyneth, kenne ich nun schon lange.
Du warst die erste, die fest schlief,
als ich mit Siegfrieds Heldensange,
mit Poltern und ganz kindisch bange
in Bayreuth um die Brünne lief.

Geküßt hab' ich Dich,
weißt Du's noch?
Doch nicht, wie man Dich küssen sollte!
Dafür, das weiß ja jeder klar,
ist schließ- und endlich Till nur da.

Doch immerhin bist Du erwacht,
was hätt' ich sonst wohl auch gemacht?
Mein Kuß hat schließlich Dich erweckt,
damit man hört, was in Dir steckt.
Und das hat nun in vielen Jahren
die ganze Welt von Dir erfahren.

Du wolltest vieles und gabst – alles.
Das dankt man Dir für lange Zeit.
Drum bleib gesund und optimistisch
»zu neuen Taten« stets bereit.

Den Siegfried und noch manche Rollo
singt gern mit Dir, Dein

René Kollo

Gwyneth, I have known you now for a long while.
You were the first who slept deeply
When I with Siegfried's hero's song
With blustering and very childlike fear
Ran for Brünnhilde in Bayreuth.

I kissed you then
Do you remember still?
But not as one should really kiss you!
For that – as everyone knows –
For you there is the one and only Till.

But still, you were awake
What would I have done otherwise?
My kiss did awaken you, after all.
So that one could hear what you had to give
And now, through all these years
The whole world has heard.

You wanted much and you gave – your all.
We've thanked you for that for a long time.
So stay fit and happy
And always ready for "new deeds".

Because Siegfried and many another "rollo" [role]
Likes to sing with you. Yours

René Kollo

Toi, Gwyneth, que je connais depuis si longtemps
Tu fus la première à dormir profondément
Quand, intonant le chant héroïque de Siegfried,
Je tournai comme un enfant naïf et sans bride
A Bayreuth, autour de Brunehilde.

Je t'embrassai, Brunehilde,
t'en souviens-tu encore?
Mais t'embrasser ainsi seulement, on aurait tort!
Pour cela, chacun le sait,
il n'y en a qu'un: c'est Till.

Mais, tu t'es réveillée,
qu'aurais-je fait sinon?
Mon baiser t'a éveillée, qu'on entende tes dons.
Pendant de nombreuses années,
la planète entière
A pu en rendre témoignage.

Tu en demandais beaucoup, tu as donné – tout.
Et l'on te remerciera, pour longtemps encore.
Demeure saine et optimiste,
demeure prête à d'autres «Aventures».

Dans Siegfried ou dans bien d'autres rôlos,
je chanterai avec toi, ton

René Kollo

Hanna Glawari · Die lustige Witwe · 1979 · Berlin

I am glad there is to be a book about you: it gives me the chance to thank you for all the work we did together, which really began with a concert in your home town, and *Tannhäuser* in Bayreuth. There followed at Covent Garden the *Ring, Tristan* and *Turandot. Tristan* with you and Vickers was an experience that will never come again in my lifetime: nor will the sense of occasion that surrounded the opening night of *Turandot* in Los Angeles.

The last time I saw you on the stage was a few months ago in *Elektra* at Covent Garden. It was a remarkable performance: I was proud of you, and of the audience which gave you the ovation you deserved.

There is a deal more to do yet. All good wishes to you on the rest of your journey.

Es freut mich, daß es ein Buch über Dich geben wird: Das gibt mir die Möglichkeit, Dir für unsere Zusammenarbeit zu danken, welche eigentlich mit einem Konzert in Deiner Heimatstadt begann und mit *Tannhäuser* in Bayreuth. Es folgte Covent Garden mit dem *Ring,* mit *Tristan* und *Turandot. Tristan* mit Dir und Vikkers war ein Erlebnis, das in meinem Leben nicht mehr kommen wird, ebensowenig wie dieses Gefühl des Besonderen, das die Premiere von *Turandot* in Los Angeles umgab.

Vor ein paar Monaten sah ich Dich zuletzt auf der Bühne, als Elektra in Covent Garden. Es war eine bemerkenswerte Aufführung: Ich war stolz auf Dich und auf die Zuschauer, die Dir eine wohlverdiente Ovation bereiteten.

Es gibt noch viel zu tun. Ich wünsche Dir alles Gute auf Deinem weiteren Lebensweg.

Je suis content que l'on te consacre un livre: cela me fournit l'occasion de te remercier pour tout le travail que nous avons fait ensemble et qui, véritablement, commença avec ce concert dans ta ville natale et le *Tannhäuser* à Bayreuth. Suivirent *l'Anneau* à Covent Garden, *Tristan* et *Turandot.* Diriger *Tristan,* avec toi et Vickers, fut une expérience que je n'aurai plus l'occasion de revivre dans ma vie; tout comme ce sentiment d'exception qui régnait autour de la soirée d'ouverture de *Turandot* à Los Angeles.

La dernière fois que je te vis, ce fut dans *Elektra,* il y a quelques mois, à Covent Garden. Une performance remarquable, j'étais fier de toi ainsi que du public qui t'offrit l'ovation que tu méritais.

Cependant, beaucoup de choses restent à faire. Mes meilleurs vœux t'accompagnent pour le reste de ton voyage.

SIR COLIN DAVIS

In den 17000 Opernvorstellungen, die ich erlebt habe, begeisterten mich viele herrliche Sängerinnen, prachtvolle Stimmen, große Schauspielkunst, schöne Frauen.

Zu all dem hat Gwyneth Jones noch eines. Ändern wir nur ein einziges Wort, und beschreiben wir das mit Isoldens Worten: »Immer lichter, wie *sie* leuchtet.«

Deshalb hat sie einen großen Ehrenplatz in meinem Herzen.

In the 17,000 opera performances I have experienced, there were many wonderful singers who have had me in raptures – magnificent voices, great acting, beautiful women.

But Gwyneth Jones has one thing more. We need only to change one word and describe her in the words of Isolde: "Immer lichter, wie *sie* leuchtet." ["Brighter and brighter how *she* gleams."]

This is why she has a great place of honour in my heart.

Au cours des 17000 opéras auxquels j'ai assisté, j'ai été enthousiasmé par bien des cantatrices magnifiques, des voix splendides, du grand art de théâtre, de belles femmes.

Au delà, Gwyneth Jones possède quelque chose en plus. Ne changeons qu'un seul mot et décrivons-le avec les mots d'Isolde: «Toujours plus scintillante comme *elle* scintille.»

Voilà pourquoi elle garde une place d'honneur dans mon cœur.

MARCEL PRAWY

Isolde · Tristan und Isolde · 1981 · New York

Isolde · Tristan und Isolde · 1980 · San Francisco

Isolde · Tristan und Isolde · 1980 · San Francisco (Spas Wenkoff)

Last night Gwyneth Jones returned to the Royal Opera's classic Elektra, no longer as Chrysothemis but now with a triumphant inevitability as Elektra herself: and it was Elektra herself we seemed to be hearing in this overwhelming performance, which lacked nothing in vocal or dramatic power from beginning to end.

Quite unlike the Elektra of her own Chrysothemis performances, Birgit Nilsson, Jones presents a woman who never gloats, is never gleeful in her taunting of Clytemnestra, never relaxes for a moment into mere happiness at the return of Orestes. She never smiles, for the simple reason that she is too appalled not only by the evil around her but also by her own reactions and behaviour.

Looking out from a face made up starkly in white, she ranges from wild-eyed terror to nervous care, alert to horrors within herself as well as outside. Similarly her most violent movements – an extraordinary savage, sensual undulation along the wall when she at last recognizes Orestes, and an electric twitching as the final dance begins to move with her – are the movements of a body suddenly captured by a demon that the mind has been trying to keep at bay.

Where that demon reveals itself continuously, of course, is in the singing. Everything in Jones's voice equips her exactly for this performance, but especially those high fortissimos that are perfectly controlled to scald the ear like burning ice, at once fiercely impassioned and dead cold: her ability to go on flinging out these yells of the id, while always radiantly singing and not shrieking, is something on the scale of Elektra's own superhumanity. Power, though, is not her only weapon. There is also the dark principal language of her interpretation, at once threatening and threatened; there is also a weird, moonlit sensuality and an uneasy repose.

This is a performance that fires rather than overshadows everyone else on stage.

Gestern abend kehrte Gwyneth Jones zur klassischen Elektra der Royal Opera zurück, nicht mehr als Chrysothemis, sondern jetzt mit triumphaler Unausweichlichkeit als Elektra; und es war Elektra, die wir zu hören schienen in dieser überwältigenden Vorstellung, der von Anfang bis Ende nichts an gesanglicher oder dramatischer Kraft fehlte.

Ganz anders als die Elektra in ihren Chrysothemis-Vorstellungen, Birgit Nilsson, präsentiert Jones eine Frau, die niemals hämisch ist, die Klytämnestra nicht mit Freude tadelt und die sich keinen Moment zu schlichtem Glücksempfinden über Orests Rückkehr entspannt. Sie lächelt nie, aus dem einfachen Grund, weil sie zu sehr abgestoßen wird, nicht nur von dem Bösen, das sie umgibt, sondern auch von ihren eigenen Reaktionen und ihrem Verhalten.

Ihr Blick aus einem leichenblaß geschminkten weißen Gesicht drückt von wildem Terror bis zu nervöser Sorge alles aus, sie ist auf der Hut vor Schrecken in ihrem Inneren und ihrer Umgebung. Genauso sind ihre stärksten Bewegungen – eine außerordentlich wilde, sinnliche Wellenbewegung der Wand entlang, als sie Orest schließlich erkennt, und ein elektrisches Zucken, als der Schlußtanz sich mit ihr zu bewegen beginnt –, die Bewegungen eines Körpers, der plötzlich von einem Dämon gefangengenommen wird, den der Verstand in Schach zu halten versucht hatte.

Wo sich dieser Dämon ständig zeigt, ist natürlich im Gesang. Alles in Jones' Stimme stattet sie perfekt für diese Rolle aus. Aber besonders diese hohen Fortissimos – die sie vollkommen beherrscht, um das Ohr zu verbrühen wie mit brennendem Eis, wild entbrannt vor Leidenschaft und eiskalt zugleich –, ihre Fähigkeit, diese Schreie des Es immer weiter auszustoßen, während ihr Gesang immer strahlend bleibt und sie nicht kreischt, ist vom Ausmaß von Elektras eigener Übermenschlichkeit. Aber Kraft ist nicht ihre einzige Stärke. Da ist noch die dunkle, wesentliche Sprache ihrer Interpretation, drohend und bedroht zugleich; da ist auch eine eigenartige Sinnlichkeit und eine beklommene Ruhe.

Dies ist eine Leistung, die die andern nicht überschattet, sondern anspornt.

La nuit dernière, Gwyneth Jones est revenue dans Elektra, le classique du Royal Opera, cette fois-ci non plus dans le rôle de Chrysothemis mais, avec une triomphante inévitabilité, dans le rôle d'Elektra elle-même: et c'était Elektra elle-même que nous avions l'impression d'entendre dans ce spectacle époustouflant auquel, de l'ouverture au final, rien ne manquait, ni dans les voix, ni dans la force dramatique.

Presque à l'inverse de Birgit Nilsson, l'Elektra du spectacle où elle jouait Chrysothemis, Jones nous présente une femme qui ne dévore pas des yeux, n'est jamais allègre dans son mépris pour Clytemnestre et qui, au retour d'Oreste, ne se laisse pas aller un instant au pur bonheur. Elle ne sourit jamais, pour la simple raison qu'elle est trop terrifiée, non seulement par le mal autour d'elle, mais par ses propres réactions et son comportement.

A l'affût derrière un visage maquillé entièrement de blanc, elle passe d'une terreur exorbitée à une inquiétude agitée, en alerte face aux horreurs présentes en elle comme à l'extérieur. De même, ses mouvements les plus violents – une ondulation extraordinairement sauvage et sensuelle le long du mur lorsqu'elle reconnaît enfin Oreste et une contraction électrique quand la danse finale commence à bouger avec elle – sont les mouvements d'un corps soudainement capturé par un démon que l'esprit a tenté de tenir en échec.

Là où ce démon se révèle continuellement, c'est, bien sur, dans le chant. Tout dans la voix de Jones la prédispose précisément pour cette performance, mais plus spécialement ces hauts fortissimos, parfaitement contrôlés pour échauder l'oreille comme de la glace brûlante, à la fois férocement passionnés et froids comme la mort: sa capacité à projeter ces hurlements du ça, tout en chantant de façon resplendissante sans jamais crier, est quelque chose à l'échelle de la propre sur-humanité d'Elektra. La puissance, pourtant, n'est pas sa seule arme. Il y a aussi le langage sombre et dominant de son interprétation, simultanément menaçant et menacé; il y a aussi une sensualité bizarre, comme éclairée par la lune, et une sérénité tourmentée.

C'est une performance qui, sur la scène, enflamme tous les autres plutôt qu'elle ne leur porte ombrage.

Paul Griffiths

Elektra · Elektra · 1983 · Köln

Elektra · Elektra · 1983 · Köln

Elektra · Elektra · 1986 · Genève · Produktion Andrei Serban/Yannis Kokkos

Elektra · Elektra · 1988 · London

Elektra · Elektra · 1988 · Bruxelles

Enfin une Turandot! Eclatante ouverture de saison au Covent Garden de Londres avec une *Turandot* qui sort renouvelée de la version d'Andrei Serban, arrachée à la tradition d'une Chine de bazar et restituée dans sa vérité psychologique grâce à une Gwyneth Jones stupéfiante dans le rôle de la princesse meurtrière.

Présentée en avant-première cet été aux Jeux Olympiques de Los Angeles avec un succès considérable, la nouvelle production de *Turandot* signée Andrei Serban a ouvert la saison 1984–85 de Covent Garden et a connu un accueil délirant à sa première londonienne. A la sortie, la foule gigantesque qui attendait les artistes bloquant la circulation dans la rue rappelait certain soir de 1965, quand Callas chanta sa dernière Tosca...

Turandot est femme dès son «In questa reggia», femme qui a peur de sa sexualité, vivant en marge d'une société qui la vénère justement à cause de cette «différence». Elle ne veut, telle une Nilsson jadis, lancer des aigus comme des javelots pendant les trois devinettes et rester indifférente, passive, lointaine. Turandot a peur, et Puccini a très bien décrit cette peur-là dans sa musique – seul exemple dans toute son œuvre lyrique –, alors que Mimi et Manon, Butterfly et Angelica, Giorgetta et Tosca vivent librement leur sexualité. Aidée par Serban, Gwyneth Jones a traduit à merveille toutes les facettes d'un personnage qui s'est ainsi révélé aussi complexe vocalement que dramatiquement, ce qu'aucune cantatrice n'avait su (ou pu!) réaliser. Jones, en somptueuse forme vocale, ne se contente pas de paraître, elle choisit de faire revivre un personnage dans une tradition enfin secouée. Et elle le fait avec une intériorité unique qui n'est pas sans rappeler sa Brünnhilde à Bayreuth avec Chéreau. Une Turandot faite de cris et d'angoisses, de pudeurs farouches et de chuchotements félins, mélange de force volontaire et de faiblesse inavouée.

Endlich eine Turandot! Glänzende Saisoneröffnung im Londoner Covent Garden mit einer ganz neuen *Turandot* in der Inszenierung von Andrei Serban, frei von den alten Zöpfen des Bilderbuch-China, vielmehr in ihrer ganzen psychologischen Wahrhaftigkeit wiedererschaffen dank einer Gwyneth Jones, die als mörderische Prinzessin einfach verblüffend ist.

Bereits in einer Vorpremiere im Sommer 1984 anläßlich der Olympischen Spiele von Los Angeles mit beachtlichem Erfolg präsentiert, war der Neuinszenierung der *Turandot* von Andrei Serban auch bei der Eröffnung der Saison 1984/85 im Covent Garden in London ein Riesenerfolg beschieden. Die gewaltige Menschenmasse, die nach der Aufführung auf die Künstler wartete, mitten auf der Straße, so daß ein regelrechter Verkehrsstau entstand, weckte Erinnerungen an einen ganz bestimmten Abend 1965, als die Callas ihre letzte Tosca sang...

Gleich nach ihrem »In questa reggia« wird Turandot zur Frau. Eine Frau, die sich vor ihrer eigenen Sexualität fürchtet und am Rande einer Gesellschaft lebt, die sie, eben gerade weil sie »anders« ist, verehrt. Sie will nicht, wie einst die Nilsson, hohe Töne wie Pfeile in die Runde mit den drei Rätseln schießen und völlig unbeteiligt, tatenlos und entrückt zuschauen. Turandot hat Angst, und Puccini hat in seiner Musik eben diese Angst sehr gut festgehalten – übrigens das einzige Beispiel dieser Art in seinem Werk überhaupt –, während Mimi und Manon, die Butterfly und Angelica, Giorgetta und Tosca ihre Sexualität frei ausleben. Mit Serbans Unterstützung ist es Gwyneth Jones wunderbar gelungen, die Figur in ihrer ganzen schillernden Komplexität wiederzugeben, und zwar sowohl stimmlich als auch schauspielerisch, was noch keiner Sängerin vor ihr gelungen war (oder gelingen konnte).

In blendender stimmlicher Verfassung gibt sich Jones nicht mit einer Rolle zufrieden; sie will vielmehr eine endlich von alten Zöpfen befreite Figur wieder aufleben lassen. Und sie tut es mit einer Innigkeit, die ihrer Bayreuther Brünnhilde unter Chéreau nicht unähnlich ist. Eine Turandot, die kreischt und vor panischer Angst zittert, die sich leidenschaftlich schämt und katzenhaft schnurrt; eine Mischung aus willkürlicher Stärke und verdrängter Schwäche.

A Turandot at long last! A brilliant opening of the season at London's Covent Garden, with a brand new *Turandot* in Andrei Serban's production. It has none of the antiquated twists of old picture-book China. It is rather recreated in complete psychological veracity by Gwyneth Jones who, as the murderous princess, is simply stunning.

Even at the pre-premiere in the summer of 1984 during the Olympic Games in Los Angeles, Andrei Serban's new production of *Turandot* for the opening of the London Covent Garden 1984/85 season had a resounding success. The huge crowd who waited for the artist in the middle of the street after the performance caused a great traffic jam, evoking a certain evening in 1965 when Callas sang Tosca for the last time.

Immediately after "In questa reggia" Turandot becomes a woman. A woman who fears her own sexuality and who lives on the fringe of a society which adores her because she is so "different". She does not wish, as Nilsson once did, to strike high tones like arrows into the round with the three riddles, or stand by watching without any involvement – inactive, entranced. Turandot is afraid, and Puccini has interpreted this fear very well in his music – incidentally it is the only example of this kind in his entire work, since Mimi and Manon, Butterfly and Angelica, Giorgetta and Tosca are free to live out their sexuality. With Serban's assistance Gwyneth Jones succeeded wonderfully in reflecting the figure – in all its scintillating complexity, something that no other singer has ever before achieved (or could have achieved).

Gwyneth Jones, in a brilliant vocal disposition, was not just satisfied with the part, she wanted to free this figure from the old conventions and allowed it to rise again. And she did it with ardour, not unlike her Bayreuth Brünnhilde under Chéreau. A Turandot who screamed and shook with panic, felt ardently ashamed of herself – and purred like a cat. A sublime combination of random strength and suppressed weakness.

Sergio Segalini

Turandot · Turandot · 1984 · Los Angeles

Turandot · Turandot · 1984 · London (Plácido Domingo)

It gives me enormous pleasure to learn of the publication of this book in recognition of the achievements of Dame Gwyneth Jones. I first heard her when she was a student at the Royal College of Music in London and I later heard her when she competed in an international singing competition when I was one of the judges. It was apparent then that she had great potential and it is through her own discipline and dedication that such early potential has been so deservedly realised. I know of no singer who is more committed and dedicated than dear Gwyneth. She commands my highest admiration for all that she has achieved in becoming the superb artist that she is.

Her recent performances of the great Strauss operas, *Elektra, Salome* and *Die Frau ohne Schatten* at the Royal Opera House, Covent Garden, have further established her as one of the great dramatic sopranos of the present day.

Es freut mich sehr, von diesem Buchprojekt zu hören, das die Leistungen von Dame Gwyneth Jones würdigt. Ich hörte sie zum ersten Mal, als sie am Royal College of Music in London studierte, und ich hörte sie später, als sie an einem internationalen Gesangswettbewerb teilnahm und ich ein Mitglied der Jury war. Es war schon damals klar, daß sie über ein großes Potential verfügte, und dank ihrer Disziplin und Hingabe konnte diese Begabung so umfassend ausgeschöpft werden. Ich kenne keine Sängerin, die engagierter oder hingebungsvoller wäre als die liebe Gwyneth. Sie hat meine höchste Bewunderung für alles, was sie erreicht hat, um zu der hervorragenden Künstlerin zu werden, die sie heute ist.

Ihre letzten Auftritte in den großen Strauss-Opern *Elektra, Salome* und *Die Frau ohne Schatten* am Royal Opera House Covent Garden haben sie weiter als eine der großen dramatischen Sopranistinnen unserer Zeit bestätigt.

Mon plaisir est immense d'apprendre la publication de ce livre en reconnaissance de l'œuvre remarquable de Dame Gwyneth Jones.

Je l'entendis pour la première fois quand elle étudiait au Royal College of Music de Londres, et, plus tard, je l'entendis à nouveau lorsqu'elle participa à un concours international de chant où je faisais partie du jury. Il était évident à l'époque qu'elle avait un grand potentiel, et c'est grâce à sa propre discipline et à son acharnement qu'un potentiel si précoce a pu être aussi justement concrétisé. Je n'ai connaissance d'aucune autre cantatrice qui soit plus engagée et dévouée que cette chère Gwyneth. Elle suscite ma plus haute admiration pour tout ce qu'elle a accompli en devenant l'artiste superbe qu'elle est.

Ses récentes interprétations des grands opéras de Strauss, *Elektra, Salomé* et *La Femme sans ombre* au Royal Opera House de Covent Garden, l'ont confirmé comme une des grandes sopranos dramatiques d'aujourd'hui.

Dame Eva Turner

Due to your enormous repertoire on Italian and German operas, I just realized, that in all this years, I had only twice the pleasure singing in *Tosca* with you. Which was a great experience – I treasure very much. I really will never forget your huge success in Verona, when you kindly joined in a charity event – "Opera For Africa" – I organized, thrilling the audience with a terrific "In questa reggia . . .".
I regret that I was never your Kalaf!
With all my affection and admiration,

Obwohl Du ein riesiges Repertoire von italienischen und deutschen Opern hast, habe ich eben festgestellt, daß ich in all den Jahren nur zweimal das Vergnügen hatte, mit Dir in *Tosca* zu singen. Was eine großartige Erfahrung war, die mir viel bedeutet. Deinen großen Erfolg in Verona werde ich bestimmt nie vergessen, als Du freundlicherweise an der Wohltätigkeitsveranstaltung »Opera For Africa« teilnahmst, die ich organisiert hatte, und Du das Publikum mit einem herrlichen »In questa reggia« begeistertest. Nur schade, daß ich nie Dein Kalaf war!
Mit all meiner Zuneigung und Bewunderung

En regard de l'étendue de ton répertoire dans les opéras italiens et allemands, je réalise à l'instant que, durant toutes ces années, je n'eus le plaisir de chanter avec toi dans la *Tosca* que deux fois. Ce qui fut une grande expérience à laquelle j'attache une valeur immense. Assurément, je n'oublierai jamais ton succès fou à Vérone, quand tu participas gentiment au spectacle de charité «Opera For Africa» que j'organisai, et quand tu fis palpiter l'auditoire avec un magnifique «In questa reggia . . .».
Je regrette de ne jamais avoir été ton Kalaf!
Avec toute mon affection et mon admiration,

José Carreras

Turandot · Turandot · 1990 · New York

Gwyneth is of course known as one of the most exciting and versatile singers in the world but her ability as one of the world's greatest screamers is less well known.

I was editing *A Clockwork Orange* and needed a particularly horrible scream for one of the scenes. The Kundry outcry in *Parsifal* came to mind one night when Gwyneth was having dinner with us.

Gwyneth was game to try a few screams. I set up a Nagra tape recorder in the living room and Gwyneth gave forth with what had originally been intended as one or two blood-curdling screams but which wound up being closer to a dozen.

Shortly after we finished, the doorbell rang and it was the police. They asked if everything was all right because our neighbor had phoned them quite alarmed by the fearful screams they periodically heard coming from the house.

Unfortunately, the scene and the scream wound up on the cutting-room floor.

Richard Burton · Peter Hofmann · Richard Wagner Film · Regie Tony Palmer

Man kennt Gwyneth natürlich als eine der aufregendsten und vielseitigsten Sängerinnen der Welt, aber ihr Talent als eine der besten Schreierinnen der Welt ist weniger bekannt.

Ich war beim Fertigstellen von *Uhrwerk Orange* und brauchte für eine der Szenen noch einen besonders schrecklichen Schrei. Als Gwyneth eines Abends bei uns zum Essen war, erinnerte ich mich an den Kundry-Schrei im *Parsifal*.

Gwyneth war bereit, ein paar Schreie auszuprobieren. Ich stellte ein Nagra-Kassettengerät im Wohnzimmer auf, und Gwyneth stieß statt der ursprünglich vorgesehenen ein oder zwei markdurchdringenden Schreie beinahe ein Dutzend davon aus.

Kurz nachdem wir fertig waren, läutete es an der Haustür, und die Polizei stand draußen. Sie fragte, ob alles in Ordnung sei, unser Nachbar habe ziemlich aufgeregt angerufen, weil er in regelmäßigen Abständen Schreie aus unserem Haus dringen hörte.

Leider endete die Szene dann samt Schrei auf dem Boden des Schneideraumes.

Gwyneth est évidemment connue comme l'une des cantatrices les plus passionnantes et les plus polyvalentes au monde. Mais son aptitude à être l'une des plus grandes hurleuses du globe est moins connue.

Je montais *Orange mécanique* et j'avais besoin, pour une des scènes, d'un hurlement particulièrement horrible. Le cri poussé par Kundry dans *Parsifal* me revint à l'esprit un soir, quand Gwyneth vint dîner à la maison.

Gwyneth fut partante pour tenter quelques hurlements. J'installai un enregistreur Nagra dans le salon, et Gwyneth démarra avec ce qui, à l'origine, devait se limiter à un ou deux hurlements à vous glacer le sang dans les veines, mais qui se termina plutôt sur une douzaine de prises.

Peu de temps après que nous ayons terminé, on sonna à la porte; c'était la police. Ils nous demandèrent si tout allait bien, car nos voisins les avaient appelés, plutôt alarmés par les hurlements terrifiants qu'ils entendaient sortir, par intervalles, de la maison.

Malheureusement, la scène et le hurlement terminèrent sur le sol de la salle de montage.

Stanley Kubrick

Chanter dans la langue d'un pays, c'est dire «Je t'aime» à ce pays. Le public français est l'un de mes plus fidèles. Il fallait que je lui témoigne ma reconnaissance, mon amour.

Film: La Voix Humaine · Paris · 1989

In der Sprache eines Landes zu singen ist wie eine Liebeserklärung an dieses Land. Das französische Publikum gehört zu meinen treuesten Zuhörern. Ich mußte ihm einfach meine Dankbarkeit bezeugen, meine Zuneigung.

To sing in the language of a country is like a declaration of love to its people. The French public is among my most faithful of audiences. I simply had to express my gratitude and my devotion.

GWYNETH JONES

Pendant cinq ans, quand venait le début de l'été, nous recommencions à travailler ensemble, Gwyneth et moi. A la fin, si un de ses partenaires changeait, c'est elle qui lui indiquait de sa manière douce et prodigieusement obstinée, où il devait se mettre. Mais on pouvait aussi bien tout changer, tout refaire, se dire qu'on n'avait pas tout compris l'année d'avant et décider agressivement que désormais on allait être exigeant. C'était le *Ring* de Wagner et c'était bien sûr à Bayreuth.

Gwyneth est l'une de ces trois ou quatre personnes qui vous font penser un jour qu'il n'est pas utopique de vouloir mettre en scène un opéra, qu'il y a un pari fou mais, somme toute, parfaitement réalisable à vouloir faire résonner théâtre et musique ensemble et que cette musique-là ne peut pas et ne doit pas exister ailleurs que sur un plateau de théâtre, que le plateau s'en trouve grandi, que la musique y redevient nécessaire. Alors que dire d'autre? Rien. La remercier, sûrement. Gwyneth Jones, qui est une chanteuse magnifique, est une grande actrice, c'est tout.

Während fünf Jahren fingen wir jeden Sommer wieder an zusammenzuarbeiten, Gwyneth und ich. Am Schluß wies sie nach jedem Wechsel ihrem neuen Partner auf ihre sanfte und überaus bestimmte Art seinen Platz zu. Doch genausogut konnten wir alles über den Haufen werfen, von vorne anfangen, uns selbst einreden, daß wir im Vorjahr überhaupt nichts begriffen hatten, und wild entschlossen bestimmen, daß wir inskünftig hohe Ansprüche stellen würden. Von Wagners *Ring* ist die Rede, in Bayreuth natürlich.

Gwyneth gehört zu den ganz wenigen Menschen, dank denen man sich eines Tages sagt, daß es keineswegs utopisch ist, eine Oper zu inszenieren, daß das Wagnis vielleicht verrückt, aber alles in allem durchaus möglich ist, Schauspiel und Musik gemeinsam erklingen zu lassen, und daß eben diese Musik nirgendwo anders existieren kann und darf als auf einer Bühne, daß die Bühne dadurch eine neue Dimension erhält und die Musik plötzlich wieder notwendiger Bestandteil wird. Gibt es da etwas hinzuzufügen? Nein, nichts. Ihr zu danken, selbstverständlich. Gwyneth Jones ist eine wundervolle Sängerin und eine große Schauspielerin, das ist alles.

Every summer for five years we started anew to work together, Gwyneth and I. Finally, after every change of partner, in her gentle and persuasive manner, she would show him his place. And in exactly the same way we were able to throw everything out and start from the beginning. We would tell ourselves that we simply hadn't understood a thing the previous year and boldly fixed in our minds that in the future we would set ourselves yet higher standards. We're talking about Wagner's *Ring* – in Bayreuth – of course.

Gwyneth is one of those very rare people who can make people say to themselves one day that it's by no means utopic to produce an opera – that although the venture is quite mad, it is possible to let words, gestures and music ring out. And that this music could not and should not exist anywhere else than on the stage. That the stage receives another dimension and that the music suddenly becomes an essential part again. Can anything be added to this? No, nothing! Except to thank her. Gwyneth Jones is a magnificent singer and a great actress. That is all.

Patrice Chéreau

Biographie

Dame Gwyneth Jones ist in Pontnewynydd, Wales, Großbritannien, geboren. 1969 heiratet sie Till Haberfeld und lebt seither in der Schweiz. 1971 kommt ihre Tochter Susanne Daphne zur Welt. Nach ihrer Ausbildung am Royal College of Music, London, an der Accademia Chigiana Siena, am Internationalen Opernstudio Zürich und bei Maria Carpi debütierte sie 1962 am Stadttheater Zürich. Seit 1963 singt sie an der Royal Opera Covent Garden, seit 1966 ist sie Mitglied der Staatsoper Wien und der Bayerischen Staatsoper München. Sie gehört zu den erfolgreichsten und vielseitigsten Opernsängerinnen der Welt.

Die Universität von Cardiff in Wales machte sie 1977 zum Ehrendoktor. Österreich und Bayern haben ihr 1978 bzw. 1977 den Titel Kammersängerin verliehen, Elisabeth II., Königin von England, hat sie 1986 in den Adelsstand erhoben (Dame Commander of the British Empire – DBE). 1987 erhielt sie den Shakespeare-Preis, 1988 das Bundesverdienstkreuz 1. Klasse, und 1989 wurde sie Ehrenmitglied der Wiener Staatsoper. 1990 wurde sie Präsidentin der Richard Wagner Society, London, und erhielt 1991 das Goldene Ehrenzeichen des Landes Wien.

Dame Gwyneth Jones was born in Pontnewynydd, Wales, Great Britain. She married Till Haberfeld in 1969 and since then has made her home in Switzerland. Their daughter, Susanne Daphne, was born in 1971.

After studying at the Royal College of Music, London, at the Accademia Chigiana, Sienna, at the International Opera Studio, Zurich, and with Maria Carpi, she made her debut at the Stadttheater Zurich in 1962. Since 1963 she has been singing at the Royal Opera Covent Garden, and in 1966 she became a member of the Vienna State Opera and the Bavarian State Opera, Munich. She ranks as one of the most successful and versatile opera singers in the world.

She was awarded the Honorary Doctorate by the University of Wales in 1977; Austria and Bavaria have honoured her with the title of Kammersängerin in 1978 and 1977 respectively. Queen Elisabeth II. in 1986 made her a Dame Commander of the British Empire – DBE. In 1987 she received the Shakespeare Prize; in 1988 the Bundesverdienstkreuz (Federal German Cross of Merit) 1st Class; in 1989 she became Honorary Member of the Vienna State Opera; in 1990 President of the Richard Wagner Society, London, and in 1991 she was awarded the Golden Badge of Honour of the Land of Vienna.

Dame Gwyneth Jones est née en Grande Bretagne, à Pontnewynydd, Pays de Galles. Depuis son mariage avec Till Haberfeld en 1969 elle vit en Suisse. En 1971 naît sa fille Susanne Daphne. Elle a suivi une formation à Londres au Royal College of Music, à l'Accademia Chigiana de Sienne, à l'Internationales Opernstudio de Zurich et, enfin, chez Maria Carpi. Sa carrière débute en 1962, au Stadttheater de Zurich. Depuis 1963, elle chante au Royal Opera Covent Garden, depuis 1966, elle est membre de la troupe du Staatsoper Vienne et du Bayerische Staatsoper Munich. Elle figure parmi les cantatrices à succès les plus polyvalentes du monde.

L'Université de Cardiff, Pays de Galles, l'honora en 1977 du titre de docteur h.c. L'Autriche et la Bavière lui attribuèrent le titre de Kammersängerin en 1978 respectivement en 1977, et Elisabeth II., reine d'Angleterre, l'anoblit en 1986 (Dame Commander of the British Empire – DBE). En 1987 elle reçut le Prix Shakespeare; en 1988 la Croix de Mérite fédérale 1ère classe. Elle devint membre d'honneur du Staatsoper Vienne en 1989, en 1990 président de la Richard Wagner Society, London, et elle reçut la décoration d'or du land Vienne en 1991.

Mit Tochter Susanne Daphne · Gemeinsame Arbeit: gemeinsame Freude
With Daughter Susanne Daphne · Working together: relaxing together
Avec sa fille Susanne Daphne · Unies dans le travail: unies dans la joie

Götterdämmerung · Bayreuth · 1979/80

Fol de Rol · San Francisco · 1980

Turandot · Los Angeles · London · 1984

For twenty-five years Gwyneth Jones's artistry has brought pleasure to audiences all over the world, much honour to her native Wales and great pleasure to the Prince of Wales too!

At the end of this triumphant run of performances of *Turandot* at the Royal Opera House, I did want to send warmest congratulations on her achievement, and my best wishes for the future.

Seit 25 Jahren hat Gwyneth Jones' Kunst dem Publikum auf der ganzen Welt viel Freude, ihrem heimatlichen Wales Ehre und dem Prinzen von Wales viel Freude bereitet.

Am Ende dieser triumphalen Vorstellungsreihe von *Turandot* am Royal Opera House möchte ich ihr herzlich zu ihrer Leistung gratulieren und ihr alles Gute für die Zukunft wünschen.

Durant 25 ans, le talent artistique de Gwyneth Jones a réjoui les publics partout dans le monde, a fait grand honneur à son Pays de Galles natal et a également réjoui le Prince de Galles!

Au terme de cette triomphante série de représentations de *Turandot* au Royal Opera House, je tenais à lui adresser mes plus chaleureuses félicitations pour son exploit et mes meilleurs vœux pour le futur.

HRH Charles

H. M. Queen Elizabeth, The Queen Mother, presents The Henry Leslie Prize · 1960

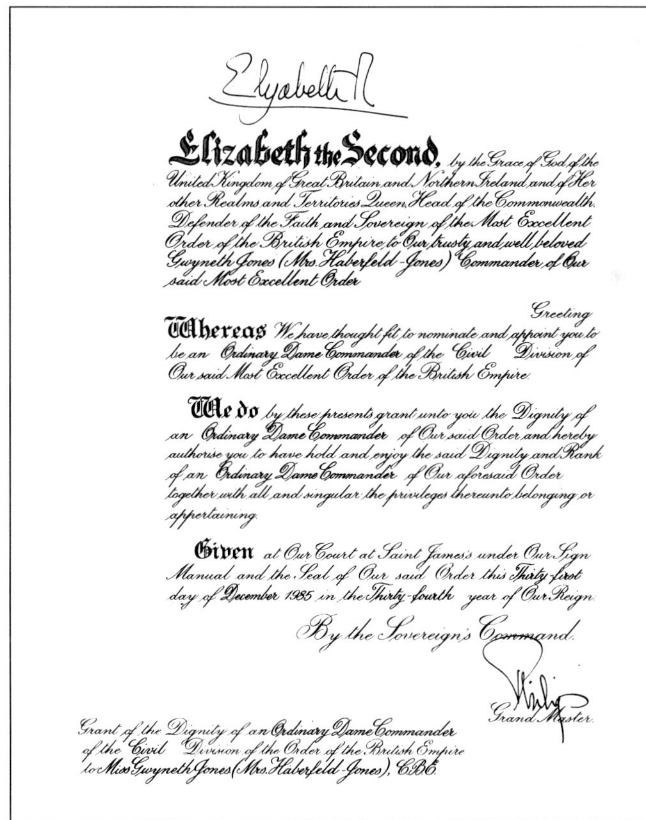

Elizabeth R

Elizabeth the Second, by the Grace of God of the United Kingdom of Great Britain and Northern Ireland and of Her other Realms and Territories Queen, Head of the Commonwealth, Defender of the Faith and Sovereign of the Most Excellent Order of the British Empire to Our trusty and well beloved Gwyneth Jones (Mrs. Haberfeld-Jones) Commander of Our said Most Excellent Order

Greeting

Whereas We have thought fit to nominate and appoint you to be an Ordinary Dame Commander of the Civil Division of Our said Most Excellent Order of the British Empire.

We do by these presents grant unto you the Dignity of an Ordinary Dame Commander of Our said Order and hereby authorise you to have hold and enjoy the said Dignity and Rank of an Ordinary Dame Commander of Our aforesaid Order together with all and singular the privileges thereunto belonging or appertaining.

Given at Our Court at Saint James's under Our Sign Manual and the Seal of Our said Order this Thirty-first day of December 1985 in the Thirty-fourth year of Our Reign.

By the Sovereign's Command.

Philip
Grand Master.

Grant of the Dignity of an Ordinary Dame Commander of the Civil Division of the Order of the British Empire to Miss Gwyneth Jones (Mrs. Haberfeld-Jones), C.B.E.

Dame Commander of the Order of the British Empire · 1986

H. M. Queen Elizabeth II (after concert for her 60th birthday)

Ansprache von Dame Gwyneth Jones

Hamburg, 26. März 1987

Herr Bürgermeister,
Herr Dr. Toepfer,
Frau Toepfer,
Mitglieder der Stiftung F. V. S.,
sehr geehrte Damen und Herren

Ein ernster Tag, ein großer Tag, ein Ehrentag, ein heiliger Tag« – Hugo von Hofmannsthals Worte aus dem *Rosenkavalier* sollen meine große Freude über diesen für mich so beglückenden Tag ausdrücken. Nie in meinen kühnsten Träumen hätte ich ahnen können, daß mein erster Deutschland-Besuch vor über dreißig Jahren als Mitglied eines Mädchenchores aus Wales zur Bundesgartenschau in Köln solche Früchte bringen würde. Schon damals fühlte ich mich hier sehr wohl. Obwohl ich die wunderbare deutsche Sprache nicht studiert hatte, konnte ich mich irgendwie mit den Menschen verständigen. Ich hatte das bestimmte Gefühl, schon einmal dagewesen zu sein. Alles hat mich fasziniert – ich erinnere mich besonders, wie toll ich die Federbetten fand. Und als uns der Zug wieder nach Hause brachte, wußte ich nur eines: daß ich bestimmt zurückkommen würde.

Kurz danach hatte ich große Schwierigkeiten zu überwinden. Mein geliebter Vater starb an Krebs, und nachdem ich meine Mutter bereits mit drei Jahren verloren hatte, war ich plötzlich auf mich selbst gestellt. Das unglaublich beeindruckende Erlebnis, allein mit meinem Vater seine letzten Tage und den Tod zu erleben, hat mich bis über meine Grenzen gefordert und mir gleichzeitig unendlich viel Kraft gegeben. Dabeizusein, wie er von seinen Qualen erlöst wurde, hat mir gezeigt, daß auch der Tod ein Geschenk Gottes ist. Damals habe ich beschlossen, mich mit allen Kräften einer Gesangskarriere zu widmen, und ich weiß, daß ich damit auch einen Traum meines Vaters erfülle.

Die ersten Jahre waren nicht leicht. Ich mußte eine Vielzahl von Arbeiten annehmen, um mich durchkämpfen zu können. Aber während ich in meiner Freizeit in Büros und Restaurants arbeitete, um das Studiengeld aufzubessern, leuchtete ein guter Stern über meinem Studium am Royal College in London. Ich gewann viele Preise und konnte dadurch in Siena und Zürich weiterstudieren.

Herbert Graf engagierte mich aus dem Opernstudio ans Zürcher Stadttheater. Da lernte ich, daß in jeder Vorstellung ein besonders wichtiger Zuschauer sitzen kann: Rudolf Bing, der Intendant der Met in New York, besuchte eine meiner ersten Vorstellungen als Sopran im *Maskenball,* ließ mich am nächsten Morgen in sein Hotel kommen und sagte: »Sie müssen unbedingt an die Met kommen. Geben Sie mir eine Liste Ihres Repertoires.« – »Das haben Sie gestern gehört«, erwiderte ich und erklärte ihm, daß ich gerade einen Fachwechsel vom Mezzo- zum Sopran hinter mir hatte und erneut beginnen mußte, ein Repertoire zu erarbeiten. Er wollte mich trotzdem verpflichten und war äußerst erstaunt, als ich insistierte, daß es zu früh sei. Man muß warten können.

Als mir der große Durchbruch mit *Trovatore* unter Giulini in London gelang, da kamen die Einladungen von überall. Ich debütierte in einem Jahr in München und Berlin, in Buenos Aires und Dallas, an der Scala und an der Wiener Staatsoper. Alles ging sehr schnell, und einige glaubten, daß ich zuviel mache. Doch ich wurde gut beraten, und eine innere Stimme sagte mir, was möglich war und was warten mußte. So sagte ich nein, als Georg Solti mir 1968 die erste Isolde anbot, und ich sagte nein, als Rudolf Kempe mich 1973 für Elektra haben wollte. Beide Rollen habe ich erst zehn Jahre später gesungen. Diese Gipfelpartien des hochdramatischen Fachs brauchen nicht nur stimmliche Reife, man muß auch als Mensch in der Lage sein, sie auszufüllen. Und wenn man sie einmal gesungen hat, dann erst beginnt der eigentliche, nie endende Weg zur Vollendung. Immer an sich arbeiten, nie aufhören, Schwierigkeiten zu überwinden, das gilt für unser ganzes Leben.

Man sagt heute oft, daß es keine Stimme mehr gibt, und wenn irgendwo ein Talent entdeckt wird, sind leider von denen, die das Wissen haben, junge Sänger zu beraten, nur wenige da, die sich auch die Zeit dafür nehmen. Als ich zur Ermittlung der Shakespeare-Studienstipendiatin nach London flog, um Sängerinnen vom Royal College und der Royal Academy zu hören, war ich beglückt über das vorhandene Potential an Talenten. Ich wußte, daß Marie-Anne Hetherington den Preis verdient, aber ich fühlte auch, daß Ann Liebeck ausgezeichnet werden mußte, allein schon für die Freude und die herrliche Frechheit, mit der sie die äußerst schwierige Arie der Zerbinetta sang. Deshalb habe ich ein weiteres Stipendium gestiftet. Singen ist wie fliegen – und doch muß man mit beiden Beinen auf dem Boden bleiben. Ich wünsche den Stipendiatinnen, daß sie sich immer die Freude und Begeisterung bewahren mögen für unseren Beruf, der eine Berufung ist.

Der heutige Tag ist für mich vor allem auch ein Tag des Dankes. Ich bin so glücklich und dankbar, daß ich geboren bin, Menschen durch meinen Beruf Freude zu bringen, sie durch Musik zu erheben und mit Hoffnung und Zuversicht zu erfüllen. Ich bin dankbar, daß ich mir genügend kindliche Naivität erhalten konnte, träumen zu können und mich immer wieder aufs neue begeistern zu können an der Schöpfung und an den Meisterwerken, die ich interpretieren darf. Für mich ist der Weg in die Oper wie der Weg in eine Kathedrale. Jede Vorstellung ist eine neue kostbare Erfahrung. Musik ist die Weltsprache des Herzens. Mit welcher Intensität haben zum Beispiel die Japaner ein so vielschichtiges Werk wie die *Frau ohne Schatten* bei unserem Gastspiel mit der Hamburger Staatsoper aufgenommen.

Wenn man als Waliserin während fünfzehn Jahren in Richard Wagners Festspielhaus seine wunderbaren Frauengestalten darstellen kann, wenn man mit Werken von Verdi und Puccini in Rom und Verona gefeiert wird und wenn man in München, Wien und hier in großen Richard-Strauss-Rollen akzeptiert wird, hat man Grund zu tiefer Dankbarkeit. Ich danke der Freien und Hansestadt Hamburg für die heutige Einladung in dieses herrliche Rathaus. Ich gedenke voll Dankbarkeit meiner vielen, vielen Freunde und Verehrer in aller Welt – ich weiß, daß ich ohne sie heute nicht hier wäre, denn Kunst lebt immer vom Geben und Nehmen. Ich danke meinem Mann Till und unserer Tochter Susanne für die Liebe und Kraft, mit der sie meinen Weg begleiten. Und vor allem danke ich heute Ihrer Stiftung von ganzem Herzen für die Verleihung des Shakespeare-Preises. Sosehr ich mir der Ehre bewußt bin, vor Ihnen stehen zu dürfen, so kann ich es doch kaum fassen, daß ein kleines Mädchen den Weg aus den walisischen Tälern in die größten Opernhäuser der Welt, hinauf zur Burg von Mykene und zu Elektra gefunden hat. Welch glückliche Fügung des Schicksals, daß ich jetzt, wo Sie mich so hoch ehren, hier im schönen Hamburg diese Rolle singe.

Shakespeare sagt im *Kaufmann von Venedig:* »Der Mann, der nicht Musik hat in ihm selbst, den nicht die Eintracht süßer Töne rührt, taugt zu Verrat, zu Räuberei und Tücken; die Regung seines Sinns ist dumpf wie die Nacht. Trau keinem solchen. Horch auf die Musik.«

Oder, um auf Hofmannsthal zurückzukommen: »Musik ist eine heilige Kunst.«

Alfred Toepfer · Stifter Shakespeare-Preis · 1987

Speech by Dame Gwyneth Jones

Hamburg, March 26, 1987

Mr. Mayor
Dr. Toepfer
Mrs. Toepfer
Member of the F. V. S. Trust
Ladies and Gentlemen

A serious day, a great day, a day of honour, a holy day"–Hugo von Hofmannsthal's words from *Der Rosenkavalier* are meant to express my great pleasure on this very happy day. Never in my wildest dreams could I have thought that my first German visit over thirty years ago as a member of a girls' choir from Wales to the Federal Garden Show in Cologne would bear such fruit. Even at that time I felt very much at home here. Although I had never studied the beautiful German language, I found I was somehow able to make myself understood by the people. I had the feeling of having been here before. Everything fascinated me. I especially remember how heavenly I found the huge feather duvets. On the way back home in the train I was sure of one thing: I would most definitely be coming back.

Shortly afterwards I had to overcome some enormous problems. My beloved father died of cancer, and, as I had already lost my mother when I was three years old, I found myself suddenly without support. The unbelievably deep impression of being alone with my father during his last few days and nights, and experiencing his death, had pushed me beyond my limits and at the same time had given me untold strength. To be there, and experience how he was released from his torment showed me that even death is a gift from God. It was then that I resolved to devote myself with all my strength to a singing career, and I knew that in doing so I was also fulfilling my father's hopes.

The first few years were not easy. I had to take a number of jobs in order to make ends meet. Whilst working in offices and restaurants during my spare time to improve my financial situation, a bright star shone over my studies at the Royal College in London. I won many prizes, with which I was able to continue studying in Zurich and Siena.

Herbert Graf engaged me from the opera studio to the Zurich Stadttheater. There I learned that at every performance there may be one especially important person. Rudolf Bing, General Manager of the New York Met attended one of my first performances as a soprano in *Ballo in Maschera* and requested me to call on him at his hotel the following morning, saying, "You must definitely come to the Met. Give me a list of your repertoire."

"You heard it yesterday," I answered, and explained to him that I just made the change from mezzo to soprano and would have to begin working on a new repertoire. He still wanted to engage me and was extremely astounded when I insisted that it was too early. One must be able to wait.

When I made my big breakthrough with *Trovatore* under Giulini in London, the invitations came from everywhere. Within one year I had debuts in Munich and Berlin, Buenos Aires and Dallas, at La Scala and at the Vienna State Opera. Everything happened so fast, and some people believed that I was doing too much. However, I was well advised and an inner voice told me what was possible and what would have to wait. So I said no when Georg Solti offered me my first Isolde in 1968. And I said no when Rudolf Kempe wanted me for Elektra in 1973. I sang these two roles only ten years later. Such highly dramatic roles need not only maturity of voice, but one must also be in a position to portray them as a performer. Only after one has sung them for the first time, does the actual and never-ending work towards perfection start. To continually work on oneself, never stopping to overcome difficulties – this should continue throughout our entire life.

One often hears today that there are no more voices; and if somewhere a talent is discovered there are only a few who have the knowledge to advise young singers, or who take the time to. When I flew to London to find the scholarship winner for the Shakespeare Award, and heard the singers from the Royal College and the Royal Acadamy, I was pleased by the potential talent. I knew that Marie-Anne Hetherington deserved the prize but also felt that Ann Liebeck had to be honoured, simply for the pleasure and delightful sauciness with which she sang the extremely difficult aria of Zerbinetta. This is why I decided to donate a second scholarship. Singing is like flying – and yet one must have both feet firmly on the ground. It is my wish that the scholarship holders always keep the pleasure and enthusiasm for our profession – which is really a vocation.

For me, today is really above all a day of thanks. I am so happy and grateful for being born to give pleasure to people through my profession, to exalt them through music and to fill them with hope and confidence. I am grateful that I have managed to keep sufficient childlike naivity to be able to dream and always to be inspired anew by Creation and by the masterpieces that I am privileged to interpret. For me the way to the opera is the same as the way to a cathedral. Every performance is a new and precious experience. Music is the international language of the heart. This is why the Japanese were able to enjoy with great intensity such a many-faceted work as *Die Frau ohne Schatten* during our visit with the Hamburg State Opera.

If, as a Welsh native, one is able to interpret for fifteen years Richard Wagner's wonderful female characters in his Festspielhaus Theatre, if one is celebrated in the works of Verdi and Puccini in Rome and Verona, and if one is accepted in Munich, Vienna and here in Hamburg in the great roles by Richard Strauss, then one has every reason for deep gratitude. I thank the Free Hanseatic City of Hamburg for today's invitation to this superb City Hall. I extend my whole-hearted thanks to my many, many friends and admirers in the whole world. I know that without them I would not be here today. Art lives on through giving and taking. I thank my husband Till and our daughter Susanne for the love and strength they give me on my way. And above all, I thank your Trust, from the bottom of my heart, for awarding me the Shakespeare Prize. Much as I am aware of the honour of being able to stand before you, I can hardly believe that a small girl found her way from the Welsh valleys to the great opera houses of the world – up to the Palace of Mycene and to Elektra. What a wonderful coincidence that just now, when I am singing this role in your beautiful Hamburg, you are bestowing such a high honour upon me.

Shakespeare says in the *Merchant of Venice:* "The man who hath not music in himself, Nor is not moved with concord of sweet sounds, Is fit for treasons, stratagems and spoils; The motions of his spirit are dull as night, And his affections dark as Erebus. Let no such man be trusted – Mark the music."

Or, to return to Hofmannsthal, "Music is a holy art."

Fidelio · New York · 1976 (Jess Thomas)

Allocution de Dame Gwyneth Jones

Hambourg, le 26 mars 1987

Monsieur le Maire,
Monsieur Toepfer,
Madame Toepfer,
Chers membres de la Fondation F. V. S.,
Mesdames et Messieurs.

Une journée sérieuse, une journée grandiose, une journée d'honneur, une journée sacrée» – c'est par ces mots de Hugo von Hofmannsthal dans son *Chevalier à la rose* que je voudrais exprimer ma grande joie en cette journée de bonheur. Même dans mes rêves les plus téméraires je n'aurais pu imaginer que ma première visite en Allemagne, il y a plus de trente ans, en tant que membre d'une chorale de jeunes filles du Pays de Galles, à la Bundesgartenschau (l'exposition fédérale des jardiniers paysagistes), à Cologne, allait porter de tels fruits. Déjà à cette époque, je me sentais très à l'aise ici. Même sans avoir étudié la langue allemande, j'arrivais, d'une manière ou d'une autre, à communiquer avec les gens. J'avais ce sentiment certain d'avoir déjà été ici. Tout me fascinait: je me souviens particulièrement des duvets que je trouvais simplement superbes. Et lorsque le train nous ramena à la maison, je ne savais qu'une chose: j'allais revenir.

Peu après, je dus surmonter de grandes difficultés. Mon cher père mourut d'un cancer, et, ayant déjà perdu ma mère à l'âge de trois ans, je dus soudainement me débrouiller toute seule. L'expérience incroyablement bouleversante de vivre les derniers jours, puis la mort de mon père, me poussa au delà de mes limites, tout en me donnant des forces infinies. D'être présente, lorsqu'il fut libéré de ses souffrances, me montra que même la mort est un cadeau de Dieu. C'est à ce moment-là que je décidais de me vouer, de toutes mes forces, à la carrière de chanteuse, et je sais qu'ainsi, je réalise également un rêve de mon père.

Les premières années ne furent pas faciles. Pour traverser ces épreuves je dus accepter de nombreux petits métiers. Mais pendant que je travaillais, durant mes heures libres, dans des bureaux ou des restaurants pour compléter ma bourse d'étude, mes cours au Royal College de Londres étaient placées sous une bonne étoile. Je gagnais beaucoup de prix, ce qui me permit de poursuivre ma formation à Sienne et à Zurich.

Herbert Graf m'enleva du Opernstudio pour m'engager au Stadttheater de Zurich. C'est là que j'appris qu'à chaque représentation assiste un auditeur particulièrement important: Rudolf Bing, le directeur du MET de New York, vint me voir dans *Le bal masqué*, ma première représentation en tant que soprano. Il me demanda de venir le voir le lendemain dans son hôtel et dit: «Vous devez absolument venir au MET. Donnez-moi une liste de votre répertoire.» «Vous l'avez entendu hier», lui répondis-je en expliquant que je venais de changer du mezzosoprano au soprano et que je devais commencer à travailler sur un nouveau répertoire. Tout de même il voulut m'engager et fut très étonné quand j'insistai qu'il était encore trop tôt. L'on doit pouvoir attendre.

Après ma percée à Londres dans *Le Trouvère* sous la direction de Giulini, les invitations arrivèrent de partout. La même année, je débutai à Munich et à Berlin, à Buenos Aires et à Dallas, à la Scala et au Staatsoper de Vienne. Tout allait très vite; et certains crurent que j'en faisais trop. Cependant, je reçus de bons conseils, et une voix de l'intérieur me disait ce qui était possible et ce qui devait attendre. Aussi, je dis non lorsque, en 1968, Georg Solti me proposa Isolde pour la première fois, et je dis encore non en 1973 quand Rudolf Kempe me voulu dans le rôle d'Elektra. Ce n'est que dix ans plus tard que je chantai les deux rôles. Ces parties suprêmes du registre hautement dramatique exigent non seulement une maturité vocale mais également la personnalité permettant de les jouer pleinement. Ce n'est que lorsqu'on les a chantées une fois que débute le véritable et perpétuel chemin de la perfection. Toujours se perfectionner, ne jamais cesser de surmonter les difficultés, ceci vaut pour toute notre vie.

De nos jours, on dit souvent qu'il n'y a plus de voix. Et quand, quelque part, l'on découvre un talent, bien peu de ceux qui auraient le savoir-faire de conseiller les jeunes chanteurs, en prennent le temps. Quand je pris l'avion pour Londres afin d'y auditionner des chanteuses du Royal College ainsi que de la Royal Academy, pour la sélection d'une candidate à la bourse d'étude Shakespeare, j'étais heureuse de découvrir tant de potentiel de talents. Je savais que Marie-Anne Hetherington méritait le prix, mais je sentais également qu'Ann Liebeck devait être distinguée, ne serait-ce qu'en reconnaissance de la joie et de la magnifique audace qu'elle afficha en chantant le très difficile aria de la Zerbinetta. C'est pourquoi j'offris une seconde bourse. Chanter, c'est voler, et, pourtant, on doit garder les pieds sur terre. Je souhaite aux deux lauréates qu'elles sachent conserver la joie et l'enthousiasme pour notre profession qui est une vocation.

Pour moi, ce jour est aussi et surtout un jour de reconnaissance. Je suis si heureuse et reconnaissante d'être née pour réjouir les hommes par ma profession, de les soulever par la musique et de les combler d'espoir et de confiance. Je suis reconnaissante d'avoir su garder suffisamment de naiveté infantile pour rêver et pour m'enthousiasmer toujours et encore face à la Création et aux chefs-d'œuvre que je peux interpréter. J'entre dans un opéra comme j'entre dans une cathédrale. Chaque représentation est une nouvelle expérience précieuse. La musique et le langage universel du cœur. Avec quelle intensité les Japonais, par exemple, ont accueilli une œuvre si complexe que *La Femme sans ombre* lors de notre tournée avec le Staatsoper de Hambourg.

Lorsque, en tant que Galloise, l'on peut, pendant quinze ans, interpréter les merveilleux personnages féminins de Richard Wagner dans son Festspielhaus, lorsque l'on est célébrée dans des œuvres de Verdi et Puccini à Rome ainsi qu'à Vérone et lorsque l'on est accepté à Munich, à Vienne et dans cette ville à travers des grands rôles de Richard Strauss, on a quelque raison d'être profondément reconnaissante. Je remercie la Ville de Hambourg pour son invitation dans ce magnifique Hôtel-de-Ville. Je pense, en toute reconnaissance, à mes nombreux, très nombreux amis et admirateurs à travers le monde. Et je sais que sans eux, je ne serai pas ici aujourd'hui, car l'art, c'est toujours donner et prendre. Je remercie mon mari Till et ma fille Susanne de l'amour et de la force avec lesquels ils m'accompagnent sur mon chemin. Mais surtout, je remercie aujourd'hui de tout mon cœur votre fondation pour l'attribution du Prix Shakespeare. Si je suis bien consciente de l'honneur qui m'est fait d'être devant vous aujourd'hui, je puis à peine comprendre qu'une petite fille galloise ait pu trouver le chemin menant des vallées du Pays de Galles aux plus grandes salles d'opéra du monde, sur les hauteurs du château de Mycènes et à la rencontre d'*Elektra*. Quel heureux tour du destin qui fait que, juste au moment où vous me rendez un si grand honneur, je chante précisément ce rôle dans cette belle ville de Hambourg.

Shakespeare dit dans le *Marchand de Venise*:
«L'homme qui n'a pas de musique en soi
Et que n'émeut pas un concert de doux accents
Est propre aux trahisons, aux complots, aux rapines,
Ses désirs d'âme sont tristes comme la nuit.
Ne vous fiez pas à pareil homme ... Ecoute la musique!»

Ou alors, pour reprendre Hofmannsthal: «La musique est un art sacré.»

Arena di Verona · 1985

Bundesgymnasium und Bundesrealgymnasium für Mädchen

Liebe, verehrte Frau Kammersängerin!

Wie Ihnen wohl unser Applaus schon unmißverständlich gezeigt hat, waren wir alle hellauf begeistert von Ihrer liebenswürdigen Art, über Ihr Leben und Wirken zu erzählen. Bei der heutigen Semesterschlußkonferenz ist jedoch im Lehrkörper einhellig das Bedürfnis laut geworden, Ihnen auch noch schriftlich unseren Dank für Ihr Kommen, insbesondere am Morgen nach einer Aufführung, und unsere Bewunderung für Ihre so einfache, natürliche, gescheite und zu Herzen gehende Art der Mitteilung auszusprechen.

Ihr Talent, die Jugend anzusprechen, hat uns als Berufspädagogen fast ein bißchen beschämt: selten gelingt es unsereinem, selbst eine viel kleinere Schülerzahl so lange ununterbrochen zu aufmerksamem Zuhören zu bringen. Hätten Sie nicht schon den Weg auf die Bühne gefunden – wir würden Sie vom Fleck weg fürs Lehramt »engagieren«!

Es waren weiß Gott nicht nur die Opernfans aus unseren Reihen, die diese zwei Stunden mit Ihnen nicht missen möchten, sondern alle Lehrer und die Schülerinnen aller Altersstufen haben sicherlich von Ihnen gelernt, wie man im Leben etwas erreichen kann, wenn man weiß, was man will, und dafür alle Energie und Liebe einzusetzen bereit ist; und wie auch der Mensch in uns oder die Familie nicht zu kurz zu kommen braucht, wenn man eine so richtige, gesunde Einstellung zum Beruf hat!

Für diese Einsicht sind wir als Pädagogen besonders dankbar, die wir – wie so viele Künstler heutzutage – uns allzu oft durch alle möglichen äußeren Zwänge unterjochen lassen und die schönen Seiten unseres Berufs zu wenig auskosten.

In dankbarer Verbundenheit wünschen wir Ihnen und Ihrer Familie für Ihr weiteres Leben und die künstlerische Laufbahn alles erdenklich Gute!

Auf Wiedersehen im Musikverein am 20. Juni!

Herzlichst

Dr. Elisabeth Frank
Direktor

Dr. Sieglinde Pfabigan
Oberopernfan

Dr. Helga Sträter, Erika Stöhr, Gabriele Waag
Kulturträger im Lehrkörper

Robert Nedoma
Musiklehrer

Jo Wögenstein, Sabina Dvorak
Schulsprecherinnen

Susi Mayer 6a, Barbara Dobesch 6a, Christa Hruza 6c,
Rita Schwaiger 6c, Andrea Gastinger 6c
Opernfans

Professor and student: Dame Eva Turner and Gwyneth Jones · 1984

Federal Grammar School and Federal Scientific College for Girls

Dear Frau Kammersängerin!

As our applause must have unmistakably shown, we were whole-heartedly enthusiastic for the charming manner in which you told us about your life and work. At today's last semester conference our teaching staff was unanimous in expressing the urge to put our thanks to you in writing – to thank you for coming, especially on the morning after a performance, and to express our admiration for your simple, natural, intelligent and heart-warming manner of speaking.

Your talent in addressing the young people has put all of us professional pedagogues to shame; it is seldom that one of us – even with much smaller numbers of pupils – can get their undivided attention for so long. If you had not already chosen the stage, we would have whisked you away on the spot and engaged you as teacher!

There were, God knows, not only opera fans in our audience who didn't want to miss these two hours with you. But the teachers and pupils of all ages and grades have certainly learnt from you how one can achieve something in life when one knows what one wants, and is prepared to use all one's energy and love for it. And how neither we ourselves nor the family need be held back if one has the correct and healthy attitude towards one's profession!

We as pedagogues are particularly grateful for this insight, since we – as so many artists today – are all too often under the yoke of so many outside forces and cannot always taste the better side of our profession.

In grateful solidarity we wish you and your family all the very best for your further life and artistic career.

Auf Wiedersehen at the "Musikverein" on 20th June!

Heartiest regards

Dr. Elisabeth Frank
Director

Dr. Sieglinde Pfabigan
Principal Opera Fan

Dr. Helga Sträter, Erika Stöhr, Gabriele Waag
Cultural Attachées on the Teaching staff

Irene Bubits, Robert Nedoma
Music Teachers

Jo Wögenstein, Sabina Dvorak
Speakers for the School

Susi Mayer 6a, Barbara Dobesch 6a, Christa Hruza 6c,
Rita Schwaiger 6c, Andrea Gastinger 6c
Opera Fans

Lycée fédéral et Lycée fédéral technique pour jeunes filles

Chère et adorable Cantatrice!

Vous l'avez sans doute remarqué à nos applaudissements, nous avons toutes été franchement enthousiasmées par votre aimable récit sur votre œuvre. Mais lors de la dernière séance semestrielle du collège des professeurs, nous avons unanimement formulé le besoin de vous exprimer par écrit nos remerciements pour votre présence, et ce le lendemain d'une représentation, ainsi que notre admiration pour votre récit si émouvant et si simplement, naturellement, intelligemment présenté.

En tant que pédagogues professionnels nous avons presque ressenti une légère honte devant votre talent à communiquer avec la jeunesse. Nous ne réussissons que rarement le difficile exercise de capter une attention ininterrompue, même d'un petit groupe d'élèves. Si vous n'auriez pas choisi le chemin de la scène, nous vous engagerions tout de suite comme professeur!

Dieu sait que ce n'étaient pas seulement les fans d'opéra parmi nous qui n'auraient pas voulu manquer ces deux heures. Mais les professeurs et les élèves de tout âge ont sûrement appris, grâce à vous, comment réussir dans la vie quand on sait ce que l'on veut et quand on est prêt à y mettre toute son énergie et son amour; et comment le faire sans négliger les aspects humains ou la famille quand on a une attitude vraiment saine par rapport à sa profession!

C'est de cette intelligence-là que nous vous remercions en tant que pédagogues; nous qui – comme beaucoup d'artistes aujourd'hui – subissons bien trop souvent toute sorte de conditionnements et qui savourons trop peu les bons côtés de notre profession.

En toute reconnaissance, nous vous exprimons, ainsi qu'à votre famille, nos meilleurs vœux possibles pour votre vie et votre carrière artistique!

Au plaisir de vous revoir, le 20 juin, au Musikverein!

Bien cordialement

Dr. Elisabeth Frank
directrice

Dr. Sieglinde Pfabigan
super-fan d'opéra

Dr. Helga Sträter, Erika Stöhr, Gabriela Waag
défenseurs de la culture au sein du corps enseignant

Irene Bubits, Robert Nedoma
professeurs de musique

Jo Wögenstein, Sabina Dvorak
portes-paroles de l'école

Susi Mayer 6a, Barbara Dobesch 6a, Christa Hruza 6c,
Rita Schwaiger 6c, Andrea Gastinger 6c
fans d'opéra

Repertoire

Foto Seite	Rolle	Oper	Erster Auftritt	Anzahl Vorstellungen
33	Amelia	Ballo in Maschera	18. 4. 1963 Zürich	12
35	Lady Macbeth	Macbeth	25. 9. 1963 Cardiff	20
37	Octavian	Rosenkavalier	9. 6. 1964 Manchester	16 *
39	Leonore	Fidelio	29. 9. 1964 Cardiff	167 *
45	Leonora	Trovatore	19. 11. 1964 London	49
47	Santuzza	Cavalleria Rusticana	26. 3. 1965 London	10
49	Sieglinde	Walküre	23. 9. 1965 London	50
51	Senta	Der Fliegende Holländer	28. 1. 1966 London	81 *
55	Desdemona	Otello	3. 5. 1966 Genève	26 *
59	Elisabetta	Don Carlo	10. 6. 1966 London	60
63	Medea	Medea	6. 12. 1966 New York	8 *
65	Donna Anna	Don Giovanni	7. 7. 1967 London	23
67	Aida	Aida	24. 1. 1968 London	51 *
71	Eva	Meistersinger	25. 7. 1968 Bayreuth	10
75	Butterfly	Butterfly	26. 11. 1968 Genève	24
77	Kundry	Parsifal	6. 8.1969 Bayreuth	13 *
81	Tosca	Tosca	25. 11. 1969 Genève	106
85	Salome	Salome	4. 11. 1970 Hamburg	140 *
89	Helena	Ägyptische Helena	5. 12. 1970 Wien	26 *
91	Marschallin	Rosenkavalier	20. 4. 1972 München	146 *
97	Venus	Tannhäuser	24. 7. 1972 Bayreuth	(27)*
101	Elisabeth	Tannhäuser	24. 7. 1972 Bayreuth	50 *
112	Brünnhilde	Götterdämmerung	2. 8. 1974 Bayreuth	47 *
107	Brünnhilde	Walküre	29. 7. 1975 Bayreuth	85 *
111	Brünnhilde	Siegfried	31. 7. 1975 Bayreuth	35 *
125	Ariadne	Ariadne auf Naxos	9. 3. 1977 München	14
127	Chrysothemis	Elektra	6. 5. 1977 London	23
129	Poppea	Incoronazione di Poppea	17. 3. 1978 Paris	17 *
133	Färberin	Frau ohne Schatten	14. 9. 1979 Köln	49 *
137	Hanna Glawari	Die lustige Witwe	15. 12. 1979 Berlin	6 *
139	Isolde	Tristan und Isolde	7. 11. 1980 San Francisco	37 *
143	Elektra	Elektra	17. 9. 1983 Köln	69
151	Turandot	Turandot	9. 7. 1984 Los Angeles	50 *
157	La Femme	La Voix Humaine	18. 5. 1989 Paris	4 *
		Erwartung	8. 10. 1990 London	1 *
	3. Dame	Zauberflöte	1962	12
	Czipra	Zigeunerbaron	1962	9
	Magdalene	Meistersinger	1962	8
	Annina	Rosenkavalier	1962	3
	Dinah	Trouble in Tahiti	1962	2
	Orpheus	Orpheus und Eurydike	1962	3
	Carmen	Carmen	1963	1
	Wellgunde	Rheingold	1963	2 *
	Wellgunde	Götterdämmerung	1963	5 *
	Seherin Manto	Errettung Thebens	1963	2
	3. Norn	Götterdämmerung	1964	10
	Rosette	Manon	1964	5
	Mathilde	Dialogue des Carmelites	1964	5
	Ortlinde	Walküre	1964	2
	Katarina	Katarina Ismailova	1964	1
	Gutrune	Götterdämmerung	1966	8

Foto Seite	Rolle	Oper	Erster Auftritt	Anzahl Vorstellungen
	Ortrud	Lohengrin	1970	1 *
	Leonore	Leonore	1970	1
	Kaiserin	Frau ohne Schatten	1985	(1)
	Esmeralda	Notre Dame	1988	1 *
	Konzerte mit Orchester		1964	83 *
	Liederabende		1974	43 *
	TV-Shows		1975	11 *
	Beethovens 9. Symphonie		1970	8 *
	Verdi-Requiem		1964	6 *
	War Requiem		1966	3 *
	Elijah		1968	2 *
	Total Februar 1962 – 1991			1765

*inkl. Schallplattenaufnahmen, Film, Video, TV

Auftrittsorte

Staatsoper Wien	393
Royal Opera House Covent Garden, London	271
Bayerische Staatsoper, München	175
Bayreuther Festspiele, Bayreuth	134

Amsterdam
Antwerpen
Arles
Athen
Barcelona
Basel
Bayreuth
Berlin
Besançon
Birmingham
Bobigny
Bologna
Bonn
Boston
Bournemouth
Bruxelles
Brynmawr
Buenos Aires
Cardiff
Carpentras
Chicago
Comminges
Copenhagen
Coventry
Dallas
Dortmund
Dresden
Düsseldorf
Ebbw Vale
Edinburgh
Florenz
Frankfurt/Main
Genève
Greenville SC
Hamburg
Hannover
Helsinki
Henley
Innsbruck
Joliette BC
Karlsruhe
Köln
Leipzig
Liège
Linz
Lissabon
Liverpool
Llandudno
London
Los Angeles
Luzern
Manchester
Mannheim
Marseille
Milano
Monte Carlo
Montpellier
Moskau
München
New York
Nizza
Nîmes
Nottingham
Nürnberg
Orange
Ottobeuren
Osaka
Paris
Parma
Pittsburgh
Pontypool
Portsmouth
Prag
Rhymney
Roma
Rochester
Rüti
Sheffield
Salzburg
San Francisco
Stuttgart
Swansea
Tanglewood
Tokyo
Torino
Toronto
Toulouse
Thessaloniki
Vaison-la Romaine
Verviers
Verona
Walton-on-Thames
Washington D. C.
Wien
York
Zürich

Audio- und Videoverzeichnis

Schallplatten

Komponist	Werk	Jahr	Dirigent/Mitwirkende	Nummer
Beethoven	Fidelio	1969	Böhm/King, Adam, Crass, Schreier, Talvela, Mathis	DGG 2709031
Beethoven	Fidelio (Quartett)	1968	Solti/Royal Opera Anniversary	Decca 392-3
Beethoven	9. Symphonie	1979	Bernstein/Kollo, Schwarz, Moll	DGG 2707124
Beethoven	9. Symphonie	1970	Böhm/Thomas, Troyanos, Ridderbusch	DGG 9411/2
Cherubini	Medea	1967	Gardelli/Prevedi, Cosotto, Lorengar, Diaz	Decca 376-8
Mahler	8. Symphonie	1966	Bernstein	CBS 77234 CD M3K 42199 ADD
Mendelssohn	Elijah	1968	Frühbeck de Burgos/Fischer-Dieskau, Baker, Gedda	EMI SAN 212-4/ SLS 935/3
Monteverdi	Incoronazione di Poppea	1978	Rudel/Vickers, Ghiaurov, Ludwig	Legendary Recordings LR 160
Schmidt	Notre Dame	1989	Prick/Moll, King, Laubenthal, Welker	Cappriccio CD 10248/9
Sibelius	Luonnatar	1970	Dorati	EMI ASD 2486
Strauss	Rosenkavalier	1971	Bernstein/Ludwig, Popp, Berry, Domingo	CBS M4 X 30652 CD M3K 42564 ADD
Strauss	Lieder	1989		Cappriccio 10258
Strauss	Salome	1970	Böhm/Fischer-Dieskau, Cassily, Dunn, Ochmann	DGG 2707052
Strauss	Ägyptische Helena	1979	Dorati/Kastu, Hendrickx, W. White	Decca 6.35491
Verdi	Otello	1968	Barbirolli/McCracken, Fischer-Dieskau	EMI C065-01928/30
Verdi	Arien	1965 1968	Quadri	Decca 414.442 Decca OS 26081
Verdi	Aida	1968	Downes/Vickers, Shaw, Dourian	Melodram CD 27019
Verdi	Requiem	1968	Mehta/Bumbry, Corelli, Flagello	Legendary Recordings LR 125
Verdi	Trovatore	1964	Giulini/Prevedi, Simionato, Glossop	Legendary Recordings LR 175
Beethoven, Cherubini, Verdi, Wagner	Recital	1966		Decca OS 25981
Wagner	Parsifal	1970	Boulez/ King, Crass, Stewart, McIntyre	DGG 2720034
Wagner	Lohengrin	1971	Kubelik/King, Janowitz, Stewart	DGG 2720036
Wagner	Der Fliegende Holländer	1971	Böhm/Stewart, Ridderbusch	DGG 2720052
Wagner	Walküre Siegfried Götterdämmerung	1980	Boulez/McIntyre, Jung, Altmeyer, Hübner, Zednik	Philips 6769071 6769072 [*Grammy*] 6769073
Wagner	Opern-Szenen	1990	Paternostro/WDR	Chandos CHAN 8930
Puccini, Strauss, Verdi, Wagner, Lloyd-Webber	Opera Recital	1985		Legendary Recordings LR 216
Lehar	Vilja-Lied	1985		CBS 24508
Puccini	Butterfly, 1. Arie	1979		Legendary Recordings LR 210

Geplant:

Richard Strauss	Lieder mit Orchester
Richard Strauss	Opernszenen
Verdi	Macbeth, Gesamtaufnahme
Puccini	Fanciulla del West, Gesamtaufnahme
u. a.	

CD-Video

Komponist	Werk	Jahr	Dirigent/Mitwirkende	Nummer
Beethoven	9. Symphonie	1989	Bernstein/Kollo, Schwarz, Moll	DGG 072-108-1 GH
Richard Strauss	Rosenkavalier	1989	Kleiber/Schenk, Fassbaender, Popp, Jungwirth	DGG 072-405-1 [*Grand Prix Du Disque 1989*]
Wagner	Walküre Siegfried Götterdämmerung	1989	Boulez/Chéreau, McIntyre, Jung, Altmeyer, Hübner, Zednik	Philips 070402-1 070403-1 070404-1 VHS 070407-3
Wagner	Tannhäuser Venus/Elisabeth	1990	Davis/Friedrich, Wenkoff, Weikl, Sotin	Philips 070412-1 VHS 070412-3

Filme

Komponist	Werk	Jahr	Dirigent/Mitwirkende	Produktion
Beethoven	Fidelio	1970	Böhm/Sellner, King, Greindl, Neidlinger, Talvela	Unitel
Poulenc	La Voix Humaine	1989	Baudo	Cameras Continental
Wagner	Der Fliegende Holländer	1975	Lloyd-Jones/Large, Bailey, Dean	BBC
Richard Wagner		1982	Richard Burton, Vanessa Redgrave	

TV

Komponist	Werk	Ort	Dirigent/Mitwirkende
Beethoven	9. Symphonie	Wien	Bernstein/Kollo, Schwarz, Moll
Britten	War Requiem	Ottobeuren	Kubelik/Pears, Shirley-Quirk
Lehar	Die Lustige Witwe	Berlin	Richter/Kollo, Jerusalem
Monteverdi	Poppea	Paris	Rudel/Vickers, Ghiaurov, Ludwig
Puccini	Turandot	London	Delacôte/Bonisolli, Haymon, Lloyd
Strauss	Frau ohne Schatten	Paris	v. Dohnányi/Behrens, Kollo, Berry
Verdi	Aida	London	Downes/Bumbry, Craig
Wagner	Tristan und Isolde	Bruxelles	Cambreling/Wenkoff
Wagner	Tristan und Isolde	Paris	Janowski/Johns
Wagner/Strauss/Mahler	Recitals Orchesterkonzerte	Wales u. a.	

Foto- und Quellennachweis

Fotos:

Catherine Ashmore, London. S. 148, 153 (u.)
Christiana Baumann, Salzburg. S. 176
Bayreuther Festspiele GmbH
Jean-Marie Bottequin. S. 107, 111
Siegfried Lauterwasser. S. 101, 117, 120
Wilhelm Rauh. S. 17, 114
Jörg Schulze. S. 53
Beth Bergman, New York. S. 167
Daniel Caude, Paris. S. 129, 130, 131
Bill Cooper. S. 163
Antony Crickmay, London. S. 49
Decca Records, London. S. 63
Zoe Dominic, London. S. 151, 152, 153 (o.), 160, 170
Du Vinage, Hamburg. S. 164
Fayer, Wien. S. 41
Suellen Fitzsimmons, Pittsburg. S. 15
Susanne Haberfeld, Küsnacht. Cover Inside
Till Haberfeld, Küsnacht. S. 18
Anne Kirchbach, München. S. 93
Winnie Klotz, New York. S. 86, 139, 155
Siegfried Lauterwasser, Überlingen. S. 21, 22, 24, 71, 72/73, 77, 78/79, 97, 160 (l.)
Paul Leclaire, Köln. S. 143, 144, 145
Colette Masson, Paris. S. 20
Larry Merkle, San Francisco. S. 122, 123, 134, 135
Tanja Niemann, Zürich. S. 2
Barbara Pflaum, Wien. S. 61
Jean Pieper, Hemstede. S. 149
Herta Ramme, Zürich. S. 30, 31, 33
Bettina Rheims, Paris. S. 161
Marie-Noëlle Robert, Paris. S. 157, 169
Houston Rogers, London. S. 51
Ron Scherl, San Francisco. S. 140, 141
Donald Southern, London. S. 59, 81
Elisabeth Speidel, Hamburg. S. 85
Christian Steiner, New York. Cover, S. 89, 159
The London News Agency Photos, London. S. 162
Sabine Toepffer, München. S. 47, 91, 92, 95, 125
Unitel München. S. 42/43
Siegfried Lauterwasser. S. 99, 102, 103, 105, 108, 109, 112/113, 114 (r.), 115, 118, 119, 121
Marc von Appelghen, Genève. S. 146, 147
Margret Wenzel-Jelinek, Wien. S. 87
Reg Wilson, London. S. 37, 39, 55, 56/57, 59, 67

Wer für Fotos, deren Rechtsinhaber der Verlag nicht finden konnte, Urheberrechte geltend machen kann, melde sich bitte beim Atlantis Musikbuch-Verlag, Zürich.

Texte:

Theo Adam aus:
Theo Adam, *Die hundertste Rolle oder »Ich mache einen neuen Adam«*
© Henschelverlag, Berlin 1986

Victor Gollancz aus:
Victor Gollancz, *The Ring at Bayreuth: and Some Thoughts on Operatic Production*
© Victor Gollancz Ltd., London 1966

François Regnault aus:
François Regnault, »Portrait de Gwyneth Jones en Albatros« in: *Histoire d'un ›Ring‹, Der Ring des Nibelungen (l'Anneau du Nibelung) de Richard Wagner, Bayreuth 1976–1980*
© Editions Robert Laffont S. A., Paris 1980
© der deutschsprachigen Ausgabe: Kristall-Verlag / Langen-Müller in der F. A. Herbig Verlagsbuchhandlung GmbH, München 1980

Edeltrud K. Timmermeister aus: »Sopranistin Gwyneth Jones« in: *professionnelle* 2/91

Till · Susanne · Gwyneth · Arosa · 1989